코끼리
민음

Elephant Faith

Korean Edition Copyright © 2010 by Gachi Changjo Publishing Co., Seoul, Republic of Korea
Originally published in English by Creation House, a Strang Company, Lake Mary, Florida, USA
under the title *Elephant Faith*.

For distribution in Korea.
Copyright © 2006 by Cynthia Boyxin
All rights reserved.

Translated and used by permission of a Strang Company through arrangement of rMaeng2,
Seoul, Republic of Korea.

본 저작물의 한국어판 저작권은 알맹2 에이전시를 통하여 Strang Company 와 독점 계약한 도서출
판 가치창조에 있습니다. 신 저작권법에 의하여 한국 내에서 보호받는 저작물이므로 무단전재와 무
단복제를 금합니다.

코끼리 믿음

신시아 보이킨 지음
문지혁 옮김

가치창조 CB

차 례

1 코끼리 믿음   6
오직 하나님께서 각 사람에게 나누어 주신 믿음의 분량대로 지혜롭게 생각하라

2 엘리야 믿음   18
우리가 선을 행하되 낙심하지 말지니 포기하지 아니하면 때가 이르매 거두리라

3 데라 믿음   38
이는 그가 하나님이 계획하시고 지으실 터가 있는 성을 바랐음이라

4 아브라함 믿음   50
그들이 나온 바 본향을 생각하였더라면 돌아갈 기회가 있었으려니와

5 다윗 믿음   70
그들이 쫓겨난 자라 하매 시온을 찾는 자가 없은즉
내가 너의 상처로부터 새 살이 돋아나게 하여 너를 고쳐 주리라

6 요셉 믿음 90
내 입은 지혜를 말하겠고 내 마음은 명철을 작은 소리로 읊조리리로다

7 열매맺는 믿음 102
나무는 각각 그 열매로 아나니

5 실패한 믿음 116
너희의 하나님 여호와께서 이 땅을 너희 앞에 두셨은즉 너희 조상의 하나님 여호와께서
너희에게 이르신 대로 올라가서 차지하라 두려워하지 말라 주저하지 말라

🐘 에필로그 **소개합니다** 132

🐘 역자후기 **내 안의 코끼리를 찾아서** 136

내게 주신 은혜로 말미암아 너희 각 사람에게 말하노니 마땅히 생각

01

코끼리 믿음

제목으로 정했다. 이 제목은 것이 불안정한 그 시절을 지나는 동안 하나님께서 나에게 음을 하고 있었다. 큰마음을 먹고 예물을 드리기 시작한 지 몇 때문이다. 단지 변화가 일어나지 않는 정도가 아니라, 도리어 초 고 있던 몇 가지 어려움 중 하나를 소개하는 것으로 이야기를 시 신하게 되었다. 문제는 몸이 좋지 않아 너무 많은 고통을 견뎌내야 병원에서 보내야 했다. 의사들은 통상적으로 임산부에게 잘 쓰지 않 다. 우리는 그 치료법이 새로 태어날 아이에 대해 어떤 부작용을 가져 도 동시에 유산만 막을 수 있다면 무엇이든 해주기를 바라고 있었다. 품 안에 안을 수 있는 날이 오게 해달라고 간절히 기도하며 기다렸다. 다. 감격한 우리는 그 건강하고 아름다운 여자아이에게 믿음Faith이 하나님께서는 내 마음속에 이렇게 말씀하셨다. "보았니? 이렇게 네 아홉 달이라는 시간이 필요하단다. 하지만 네가 만약 정말로 더 커다 의 크기 말이다 ― 그 기다림의 시간은 2년을 넘기야 할 거야." 그 음

시 생각해보면 그   이 책을 쓰게 된 계기가 되었다. 왜냐하면 나
estation이라는   작했기 때문이다. 백과사전의 도표를 자세히
지 다양한   지만 평균 임신기간은 267일 정도였다. 도
류는 단 세 종류뿐이었   일에서 440일 가량의 낙타, 395일에서 4
30일 가량의 코끼리, 번   에 관한 정보를 찾기 시작했다. 그런데 조
귀하고 유용   다재다능   불인식에 대해 알게   면서 감탄하게 되었
는 부드림   게 퍼지   을 지니고 있으며,   이 매우 예
겁 다리도 하며, 나   뜀과 가족 그리고 첫
는 한 자리에서   런(약 95리터)이나 되는
           것은 기린이었다. 기린은
의 「기린 가족」Giraffe Fa
대어난 지 30분   달릴 수
갑으로 전락하는   방지해준다,
지 알도록 기린   와 속도를 지
심의 여지없이   는 지상에 거주
했다. 코끼리는   똑똑하며 모성애

오직 하나님께서 각 사람에게 나누어 주신
믿음의 분량대로 지혜롭게 생각하라
_로마서 12장 3절

'코끼리 믿음'이라는 말은, 어쩌면 책 제목으로 쓰기에는 적당해 보이지 않을지도 모른다. 하지만 나는 용기를 내어 이 문구를 책 제목으로 정했다. 이 제목은 우리 모두가 종종 맞닥뜨리게 되는 삶의 어려운 시절, 안개가 낀 것처럼 뿌옇고 모든 것이 불안정한 그 시절을 지나는 동안 하나님께서 나에게 주신 제목이기 때문이다. 그때 나는 분명 하나님께 불평을 하고 있었다. 큰마음을 먹고 예물을 드리기 시작한 지 몇 달이 지났는데도 아무런 변화가 일어나지 않았기 때문이다. 단지 변화가 일어나지 않는 정도가 아니라, 도리어 최악의 상황으로 치닫고 있었다.

그 당시 우리가 겪고 있던 몇 가지 어려움 중 하나를 소개하는 것으로 이야기를 시작해보려 한다. 그즈음 딸아이가 둘째 아이를 임신했다. 문제는 몸이 좋지 않아 너무 많은 고통을 견뎌내야 했다는 것이었다. 딸은 임신기간의 대부분을 병원에서 보내야 했다. 의사들은 통상적으로 임산부에게 잘 쓰지 않는 치료법까지 동원하여 딸을 진료하려고 애썼다. 우리는 그 치료법이 새로 태어날 아이에 대해 어떤 부작용을 가져올지 알 수 없었기 때문에 두려웠다. 그러면서도 동시에 유산만 막을 수 있다면 무엇이든 해주기를 바라고 있었다. 우리 모두는 새로 태어날 작은 생명을 무사히 품 안에 안을 수 있는 날이 오게 해달라고 간절히 기도하며 기다렸다. 마침내 그 날이 왔고, 다행히 아기는 무사했다. 감격한 우리는 그 건강하고 아름다운 여자아이에게 믿음Faith이라는 이름을 붙여주었다.

그 일을 겪는 가운데 하나님께서는 내 마음속에 이렇게 말씀하셨다. "보았니? 이렇게 네 두 팔에 안길 조그마한 아기를 얻기 위해서는 아홉 달이라는 시간이 필요하단다. 하지만 네가 만약 정말로 더 커다란 축복을 원한다면 — 말하자면 코끼리 정도의 크기 말이다 — 그 기다림의 시간은 2년을 넘겨야 할 거야."

그 음성은 내게 아주 놀라운 음성이었다. 지금 다시 생각해보면 그것이 내가 이 책을 쓰게 된 계기가 되었다. 왜냐하면 나는 얼른 백과사전을 뒤져 잉태 gestation 라는 단어를 찾기 시작했기 때문이다.

백과사전의 도표를 자세히 보니, 인간의 경우 250일에서 285일까지 다양한 개인차가 있기는 하지만 평균 임신기간은 267일 정도였다. 도표에서 1년이 넘는 임신기간을 가진 포유류는 단 세 종류뿐이었다. 370일에서 440일 가량의 낙타, 395일에서 425일 가량의 기린 그리고 520일에서 730일 가량의 코끼리.

먼저 낙타에 관한 정보를 찾기 시작했다. 그런데 조사하면 조사할수록, 나는 낙타가 얼마나 고귀하고 유용하며 다재다능한 동물인지에 대해 알게 되었다. 감탄이 절로 나왔다. 낙타는 눈이나 모래 위에서도 달릴 수 있는 부드럽고 넓게 퍼지는 발을 지니고 있으며, 시각과 후각이 매우 예민하다. 사람들은 낙타 위에 짐을 싣기도 하고 직접 타기도 하며, 낙타의 털과 가죽 그리고 젖과 고기까지 이용한다. 또한 낙타는

결과를 얻기까지 매우 오랜 시간이 걸리며
그런 다음 나타나는 결과 역시 오직 하나뿐인 믿음이다.
하지만 그 결과는 매우 크고, 중요하며, 가치 있고
강하고, 고귀하며 동시에 유용하다.

며칠 동안 굶을 수 있고, 어떤 때는 한 자리에서 25갤런(약 95리터)이나 되는 물을 마심으로써 줄어들었던 몸무게를 10분 안에 다시 회복할 수도 있다.

두 번째로 찾은 것은 기린이었다. 기린은 포유류 중 가장 키가 큰 동물로, 평균 키가 약 20피트(약 6미터)에 달한다. 제인 구달의 『기린 가족』 Giraffe Family 이라는 책에 따르면, 갓 태어난 기린의 경우 키가 약 6피트(약 2미터)에 달하며 태어난 지 30분 안에 달릴 수 있게 된다고 한다. 이러한 기린의 크기와 이동성은 기린이 포식자들에게 쉬운 사냥감으로 전락하는 것을 방지해준다. 우리 역시도 우리를 잡아먹으려는 영적 포식자들에게 먹히기 쉬운 사냥감이 되지 않도록 기린 같은 키와 속도를 지닐 수 있다면 어떨까 하는 생각이 들었다.

마지막으로 코끼리를 찾아보았다. 의심의 여지없이 코끼리는 지상에 거주하는 포유류 중 가장 커다란 동물로, 때론 몸무게가 8톤이 넘는 녀석도 있다고 했다. 코끼리는 매우 똑똑하며 모성애가 강한 동물이다. 내가 찾은 자료에서 코끼리는 대개 그들이 지닌 엄청난 힘으로 인해 주목을 받고 있었다.

임신기간을 나타낸 도표에는 반대로 짧은 임신기간을 지난 동물들에 대한 자료도 있었다. 바로 쥐 과科에 속한 동물인데, 주머니쥐의 경우 12일에서 13일, 생쥐의 경우 18일에서 20일, 그리고 집쥐는 21일에서 22일 만에 새끼를 낳는다. 이 세 가지 동물의 공통점은 바로 해로운 동물이라는 것이다. 또 종종 인간에게 치명적인 전염병을 퍼뜨리기도 한다. 쥐들은 아무것이나 닥치는 대로 먹어치우며, 무엇이든 완전히 사라질 때까지 갉아대는 습성이 있다. 쥐들은 어디서든 한번에 열에서 스물에 이르는 많은 수의 새끼를 낳지만, 이 새끼들은 매우 작고 약한데다 아무것도 보지 못하는 채로 태어난다. 백과사전에서는 이것이 이들의 약점을 보완할 만한 특징이라고 했다. 많은 수의 포식자들이 쥐들을 잡아먹기 때문에 쥐들은 이런 식으로 생존해 나가고 있는 것이다.

그렇다면 이제 한 번 신앙적인 관점에서 이 두 가지를 비교해보자. 나는 우리의 믿음을 '쥐를 닮은 믿음'과 '코끼리를 닮은 믿음'으로 나누어보겠다. 먼저 쥐 믿음은 빠르고, 한번에 여러 가지의 결과를 낳는다. 그러나 동시에 그것은 작고, 보이지 않고, 벌레 같고, 쓰레기를 먹으며, 질병을 옮기는 그리고 무엇보다 포식자들에게 금세 잡아먹히는 믿음이다. 반대로 코끼리 믿음은 결과를 얻기까지 매우 오랜 시간이 걸리며, 그런 다음 나타나는 결과 역시 오직 하나뿐인 믿음이다. 하지만 그 결과는 매우 크고, 중요하며, 가치 있고, 강하고, 고귀하며 동시에 유용하다. 수명이 길고 적에게 쉽게 잡아먹히지 않음은 물론이다.

한번쯤 이런 말을 들어본 적이 있을 것이다. "꼭 침몰하는 배를 버리고 탈출하는 쥐떼 같군"이라는 말. 이것은 쥐의 습성을 잘 보여주는 매우 오래된 속담이다. 배가 항구를 떠나기 전, 쥐들은 배에 '올라타기'를 즐겨한다. 그리고 올라탄 다음에는 배 안에서 가장 낮고 어두운 부분으로 내려가곤 한다. 가장 아래쪽에 있기 때문에, 쥐들은 비상사태가 일어났을 때 물이 들어오는 것을 가장 먼저 알아차릴 수 있다. 경험 많은 선장은 쥐들이 배를 떠나는 것을 보고 배에 이상이 생겼다는 것을 알아차려 침몰의 위기에서 배를 구하곤 한다. 이것은 일종의 경고로, 무언가 잘못되어 배 밑바닥 어딘가에서 물이 차오르고 있다는 것을 의미하기 때문이다. 빠른 대처로 문제점을 찾아 물이 새는 것

을 막는 것만이 배와 배에 탄 승객들을 구할 수 있는 길이다.

또한 쥐들은 비행기에도 몰래 올라탄다. 물론 쥐들은 이것이 조금 다른 종류의 탈 것이라는 생각은 하지 못한다. 비행기가 지면을 떠나 하늘로 높이 올라가면 종종 쥐들은 의식을 잃거나 심한 경우 죽기까지 한다고 한다.

연륜 있는 목회자들은 이처럼 **배를 버리기** 시작하는 교인들의 존재를 알아차린다. 그리고 문제를 찾아 그것을 고친 다음 기도와 금식을 통해 더 높은 단계로 나아간다.

때때로 **코끼리** 믿음을 가진 사람들은 새로 부임한 목회자가 원하는 것만큼 **빠르게** 움직이지 않는다. 이들은 결코 재빠르거나 반짝거리지 않는다. 대신, 늘 신실한 모습으로 와서 예배를 드리고 온전한 십일조와 예물을 드린다. 주마다, 달마다, 해마다 동일한 모습으로 말이다. 또 이들은 자리에 연연하거나 직분에 목을 매지 않는다. 겉으로 드러나는 자리나 직분, 사람들의 인정에는 큰 관심이 없기 때문이다. 이 사람들은 대개 이미 세상 속 자신의 영역에서 성공한 사람들이며, 교회 일을 매우 진지하게 생각하기 때문에 진짜 **사역**을 할 수 있는 알맞은 때와 힘이 준비되기 전까지는 헌신을 시작하지 않는다. 그러나 일단 한번 결단과 헌신을 시작하면, 이들은 누구보다 신실하고 열심히 일하며 그 결과로 분명한 열매를 맺는다. 어려운 시기가 다가온다 할지라도 하나님이나 교회 또는 섬기던 목회자를 버리지 않는다. 비록 이런 사람들이 열매를 맺기까지는 남들보다 오랜 시간이 걸릴지 모르나, 그들이 맺은 열매는 강하고 고귀하며 굳건하여 쉽게 먹잇감이 되지 않는다.

　코끼리 믿음이라는 새로운 발견은 내게 하나님의 때, 하나님의 시간을 기다리는 것이 얼마나 유익한 일인지를 더 알고 싶게 만들었다. 나는 성경 속에서 기꺼이 씨를 뿌리고 하나님께서 주시는 비전과 약속을 받았던 사람들 그리고 오래도록 하나님의 때를 기다리며 끝끝내 아름다운 열매를 맺었던 사람들의 이야기를 찾아나서기 시작했다. 바로 **코끼리 믿음**을 가졌던 사람들을 말이다.

　준비되었는가? 자, 그렇다면 이제 **여행**을 시작해보자.

내게 주신 은혜로 말미암아 너희 각 사람에게 말하노니 마땅히 생각

02
엘리야 믿음

제목으로 정했다. 이 제목은 ~~~~
것이 불안정한 그 시절을 지나는 동안 하나님께서 나에게 ~~~
음을 하고 있었다. 큰마음을 먹고 예물을 드리기 시작한 지 몇 ~~
때문이다. 단지 변화가 일어나지 않는 정도가 아니라, 도리어 ~~
고 있던 몇 가지 어려움 중 하나를 소개하는 것으로 이야기를 ~~
신하게 되었다. 문제는 몸이 좋지 않아 너무 많은 고통을 견디네마~
병원에서 보내야 했다. 의사들은 통상적으로 임산부에게 잘 쓰지 않~
다. 우리는 그 치료법이 새로 태어날 아이에 대해 어떤 부작용을 가져~
도 동시에 유산할 막을 수 있다면 무엇이든 해주기를 바라고 있었다. ~
품 안에 안을 수 있는 날이 오게 해달라고 간절히 기도하며 기다렸다~
다. 건강한 우리는 그 건강하고 아름다운 여자아이에게 믿음Faith이~
하나님께서는 내 마음속에 이렇게 말씀하셨다. "보았니? 이렇게 네~
아홉 달이라는 시간이 필요하단다. 하지만 네가 만약 정말로 더 커다~
의 크기 말이다 — 그 기다림의 시간은 2년을 넘겨야 할 거야." 그 ~
시 생각해보면 그 ~~~~~~~~~~ 이 책을 쓰게 된 계기가 되었다. 왜냐하면 ~
estation이라는 ~~~~~~~~~~~~~~~~ 작했기 때문이다. 백과사전의 도표를 자세~
지 다양한 ~~~~~~~~~~~~~~~~~~~~~~ 지만 평균 임신기간은 267일 정도였다. ~
류는 단 세 종류뿐이었 ~~~~~~~~~~~~~ 임에서 440일 가량의 낙타, 395일에서 ~
30일 가량의 코끼리, 먼 ~~~~~~~~~~~ 에 관한 정보를 찾기 시작했다. 그런데 ~~
귀하고 유용 다대다능 ~~~~~~~~~~ 물인지에 대해 알게 ~~~ 면서 감탄하게 되 ~
는 무드럼 새 퍼지 ~~~~~~~~~~~~ 을 지니고 있으며, ~~~~~~~~~~ 이 매우 아 ~
접 타기도 하며, 나 ~~~~~~~~~~~~~ 벌과 가죽 그리고 젖 ~~~~~~~~~~~~~~~
는 한 자리에서 ~~~~~~~~~~~~~~~~ 런(약 95리터)이나 되는 ~~~~~~~~~~~~
~~~~~~~~~~~~~~~~~~~~~~~~~~ 것은 기린이었다. 기린은 ~~~~~~~~~
~~~~~~~~~~~~~~~~~~~~~~~~~ 의 「기린 가족, Giraffe Fa ~~~~~~
~~~~~~~~~~~~~~~~~~~~~ 태어난 지 30분 ~~~ 닫림 수 ~~~~~~~
생각을 품지 말고 ~~~~~~~~~~ 감으로 전락하는 ~~~ 와 속도를 지 ~~~
님께서 각 사람에게 ~~~~~~~~ 지 않도록 기린 ~~~~~~~ 방지해준다. ~~
~~~~~~~~~~~~~~~~~~~~~ 심의 여지없이 ~~~~~~~ 는 지상에 거주 ~~~
나누어 주신 믿음의 분량대로 지혜롭게 생각하라 했다. 코끼리는 ~~~~~ 똑똑히며 모성애 ~

우리가 선을 행하되 낙심하지 말지니
포기하지 아니하면 때가 이르매 거두리라
_갈라디아서 6장 9절

지금 밖에는 비가 내리고 있다. 촉촉하게 내리는 가랑비는 아니다. 사방이 칠흑같이 어둡고 바람이 휘몰아치는 폭풍이다. 내가 사는 플로리다에서는 오후만 되면 종종 이런 폭풍이 몰려온다. 하지만 이 날씨는 어쩐지 적절해 보인다. 적어도 내 지금 기분에는 말이다.

때때로 믿음이 온전히 서지 못하고 넘어질 때, 나는 엘리야를 생각한다. 낙담하고, 환멸을 느끼고, 화가 나고, 의기소침해진 엘리야. 그래서 하나님께 제발 죽게 해달라고 간청하기까지 했던 엘리야. 그때 엘리야는 그가 속해 있던 사회를 떠나 동굴 속으로 숨어버렸다. 나도

시도해보고 싶지만 아무리 생각해도 평평한 늪지대로 이루어진 이 플로리다에는 도무지 숨어들어 갈 만한 동굴이 없다.

어떻게 예수님께서 피 값을 주고 산, 성령충만한 하나님의 사람이 그토록 깊고 어둡고 우울한 기분에 사로잡힐 수 있었을까? 사실 그러한 일들은 우리 같은 하나님의 자녀들에도 매일매일 일어난다. 이보다 더 중요한 질문은 일단 그런 기분에 사로잡혔을 때, 어떻게 해야 다시 본래의 모습으로 돌아올 수 있느냐 하는 문제다. 낙담과 절망에 깊이 빠져있을 때, 우리는 어떻게 해야 원래의 모습과 신앙으로 돌아올 수 있을까?

해답은 바로 아는 것 knowledge 에 있다. 하나님을 아는 지식. 하나님의 말씀을 아는 지식. 약속을 성취하시는 하나님의 때와 시간을 아는 지식 말이다.

> 내 백성이 지식이 없으므로 망하는도다 _호세아 4:6

하나님을 아는 지식을 이해하는 일이 늘 쉬운 것은 아니다. 너무 많은 해석, 너무 많은 목소리들이 존재하기 때문이다. 중요한 것은 바로 균형 balance 이다.

  너희 관용을 모든 사람에게 알게 하라 주께서 가까우시니라 _빌립보서 4:5

우리 영혼의 적들은 하룻밤 사이에 우리를 육체적·감정적·재정적 혹은 영적으로 곤란한 지경에 몰아넣지 않는다. 그 대신 느리지만 효과적인 방법을 택한다. 아주 조금씩조금씩 지속적으로 우리의 믿음을 깎아내는 것이다. 이것이 바로 우리가 인내, 즉 오래 참음을 지녀야 하는 이유다.

  너희의 인내로 너희 영혼을 얻으리라 _누가복음 21:19

  너희에게 인내가 필요함은 너희가 하나님의 뜻을 행한 후에 약속하신 것을 받기 위함이라 _히브리서 10:36

엘리야처럼, 우리 가족은 커다란 믿음을 시험받았다. 우리는 집을 팔고, 온갖 물건들을 처분했으며, 직장마저 그만두고 올랜도 Orlando에 있는 모(母)교회 사람들과 슬픈 이별을 해야 했다. 그리고 플로리다에 있는 게인즈빌 Gainesville로 이사를 오게 되었다.

  아는 사람은 아무도 없었다. 오직 하나님에게 받은 약속만 있을 뿐이었다. "네가 만약 먼저 내 집을 짓는다면, 내가 네 집을 지어주리라." 이 약속이 이루어지기까지 일어났던 수많은 기적과 믿음의 증거들을 다 이야기하려면 아마 책 한 권을 더 써야 할 것이다. 그러니 나는 바로 13년 후의 이야기로 넘어가겠다. 우리는 친교실과 교실, 예배실과 체육관이 갖추어진 커다란 건물을 짓게 되었고, 무엇보다 많은 사람들을 예수 그리스도를 아는 구원의 지식으로 인도했다는 점에서 우리의 영적인 적들에게 심각한 타격을 입혔다. 기적이 아니라고 말할 수 없는 상황들이 꼬리에 꼬리를 물고 이어진 끝에, 우리는 다시금 아름다운 집을 얻게 되었다. 그러기까지 13년이라는 세월이 걸렸고, 수많은 모험과 믿음이 필요했다. 그러나 하나님께서는 결국 약속을 성취하셨다!

우리는 하나님께 감사를 드리기 위해, 또 다음 단계의 목회를 위한 초석을 다지기 위해 아주 특별한 씨앗을 심기로 작정했다. 그동안 교회와 집을 건축하느라 모든 것을 다 쏟아 부었기 때문에 그때 우리에게는 돈이 한 푼도 남아있지 않았다. 사실대로 말하자면 돈은 이미 집을 다 짓기 전에 바닥이 나버렸다. 대출을 받고 있는 상태였던 것이다. 그러나 우리는 미래의 열매를 바라보며 다시 한 번 대출을 받기로 했다. 그리고 만 불을 사역에 기부했다. 영혼 구원 사역, 기적과 이적 사역, 텔레비전을 통한 복음 전파 사역, 가난한 사람들을 돕는 단체를 위한 사역 등의 목회 사역이었다.

  우리가 이런 사역을 시작하자마자, 적들은 다시 공격해왔다. 우리는 이제껏 한번도 당해보지 않았던 엄청난 공격에 직면해야 했다. 나는 상처를 받았고, 많이 다쳤다. 마치 사람들을 사랑하고 그들을 어둠 가운데서 이끌어내는 쓸데없는(!) 일에 인생을 낭비하고 있는 것 같은 기분이 들었다. 열심히 기도했지만 상황은 조금도 나아지지 않았다. 오히려 점점 더 나빠져 갔다. 우리의 믿음이 끝나는 지점에서 자기 연민이 시작되었다.

우리를 둘러싼 상황의 힘이 하나님을 신뢰하는 믿음보다 더 강해질 때, 적들은 우리를 궁지로 몰아넣는다. 내 경우처럼, 누구나 한번이나 두세 번 정도의 공격은 그럭저럭 견뎌낸다. 그러나 이 같은 공격이 계속 이어질 때, 설상가상으로 좋지 않은 상황 위에 또 다른 좋지 않은 상황이 겹칠 때는, 제아무리 강인한 사람이라도 무너질 수밖에 없다.

나는 하나님의 음성을 듣는 내 능력에 의심을 품기 시작했다. 그리고 왜 하나님께서는 내 부르짖음이나 고통에 대해 아무런 말씀도 하지 않으시는지 의문을 품기 시작했다. 특히 몇 개월 전부터 쏟아 붓기 시작한 만 불의 예물에 대해 의심하게 되었다. 이 예물을 통해 어떤 열매와 수확의 징조가 나타나기는커녕, 오히려 우리가 드리기 전보다 나빠지는 조짐을 보였기 때문이었다.

아마 그때의 내 기분은 여러분에게도 낯설지 않을 것이다. 텔레비전이나 라디오에서, 우리는 얼마나 자주 이런 말을 듣는가? "만약 이 사역을 후원해주신다면 하나님께서 당신을 축복하실 겁니다"와 같은 말. 어쩌면 여러분은 나보다 이런 일을 더 많이 겪어보았을지도 모른다. 하나님의 복을 기쁘게 기다리고 있는데 아무런 응답을 받지 못하는 때 아니, 나처럼 오히려 더 나쁜 상황으로 모든 것이 변해갈 때. 우리의 믿음은 시험을 받고, 마음속에서는 확신 대신 의심과 염려가 싹튼다. 하나님과의 약속을 더 이상 믿지 못하게 되는 것이다.

그러나 하나님의 요구조건은 언제나 약속을 수반한다. 하나님은 약속의 하나님이며, 계약을 만드는 하나님이시기 때문이다. 그 분은 언제나 그러하셨고, 앞으로도 그러실 것이다.

하나님과의 계약에서 우리가 해야 할 부분은 바로 지치지 않는 코끼리 믿음을 갖는 것이다. 특히 힘들고 어려운 시간을 지날 때, 절대로 포기하지 않는 것이다.

엘리야는 역사상 손꼽히는 위대한 선지자 중 하나다. 당시 하나님을 향한 그의 믿음에 필적할 만한 사람은 아무도 없었다. 그가 행한 기적과 이적들은 사람들을 경탄케 했다. 그러나 그렇게 엄청난 기적들을 일으킨 후에, 엘리야는 그만 지치고 낙담하고 말았다. 그는 도망쳐서 죽기만을 바라며 하나님께서 자신에게 주신 사역을 포기해버리고 말았다.

엘리야가 스스로를 포기했을 때
하나님께서는 그가 원했던 대로 죽거나 패배를 맞도록 허락하지 않으셨다.
대신 회오리바람으로 그를 들어 올려
하나님의 임재 안에서 죽음을 경험하지 않게 하셨다.

엘리야가 동굴로 숨어들어갔을 때, 하나님께서는 그에게 다가오셔서 왜 거기 숨었느냐고 물으셨다. 엘리야는 자신이 얼마나 열심히 하나님을 위해 일했으며, 하나님을 위해 어떤 일들을 했는지 낱낱이 설명했다. 그리고 지금은 자신이 바알을 섬기지 않는 유일한 선지자이기 때문에 이세벨 여왕이 얼마나 자신을 죽이는 데 혈안이 되어 있는지 이야기했다. 마치 하나님께서 이 모든 것을 전혀 모르는 것처럼 말이다.

앞서 이야기했듯이, 자기 연민이란 믿음이 끝나는 지점에서 시작된다. 자기 연민은 하나님의 얼굴에 대고 따귀를 때리는 것 같은 행위나 다름없다. 일단 한번 '아, 슬프다. 아무도 나를 사랑하지 않아, 하나님은 날 돕지 않으시는 게 분명해'와 같은 자기 연민에 맛을 들이기 시작하면 두려움의 영은 결코 멀리 있지 않다. 두려움이란 믿음의 정반대 편이다. 믿음으로 충만해 있을 때, 우리는 하나님이 약속하신 것을 믿기에 사자처럼 담대하다. 그러나 자기 연민과 두려움은 우리가 처한 상황보다 하나님이 더 강하시다는 것을 스스로 믿지 않기 시작했다는 증거다.

하나님은 엘리야의 마음을 돌리려 노력하셨다. 스스로에게 함몰되어 다른 아무것도 보지 못하는 그에게 바람과 지진과 불을 보내 상황을 바꾸려 하셨다. 혹시 지금 당신이 겪고 있는 바람과 지진과 불이, 하나님께서 당신의 마음을 돌리기 위해 노력하는 증거라고 생각해본 적 있는가? 스스로의 문제에만 빠져 있는 당신에게, 하나님의 방향과 하나님의 해법을 알려주기 위해서라고 생각해본 적은 없는가?

엘리야의 모든 핑계와 변명을 무시한 채, 하나님은 그에게 다시 조용하고 나지막한 목소리로 말씀하신다. "엘리야야 네가 어찌하여 여기 있느냐?" 왕상 19:9~13

엘리야는 너무나 지치고 낙담한 나머지 자신의 두려움에서 빠져나가지 않기로 작정한다. 하나님께서 그에게 다시 한 번의 기회를 주셨음에도 불구하고, 그는 또다시 똑같은 핑계와 변명을 늘어놓는다. 그는 나쁜 쪽을 선택했다. 믿음 대신 두려움을 택했다. 엘리야의 믿음은 그가 처한 현실 속에 갇혀 있었다.

하나님께서는 당신이 처한 상황이 중요하지 않다고, 진짜가 아니라고 말씀하시려는 것이 아니다. 그 분이 말씀하시고자 하는 것은 다만 그 상황들은 진실이 아니라는 점이다. 영원하지 않다는 것이다. 하나님의 약속은 참되고 진실하며, 우리에게 상황이 지나가기를 "끝까지 기다릴 수 있는" 믿음만 있다면 반드시 이루어진다. 우리는 우리의 문제들보다 더 오래 살아남는 법을 배워야 하는 것이다.

엘리야가 자신이 가진 믿음으로는 더 이상 어찌할 수 없음을 분명히 했을 때, 하나님께서는 엘리야의 요구에 응하고 그에게 빠져나갈 길을 주셨다.

"그래 좋다. 네가 그만두기를 원한다면, 나는 너로 그만두게 해주겠다. 가서 하사엘에게 기름을 부어 아람의 왕이 되게 하고, 예후에게 기름을 부어 이스라엘의 왕이 되게 하며, 엘리사에게 기름을 부어 네 자리를 대신하게 해라."

그리고 말미에 이렇게 덧붙이심으로써 엘리야의 변명과 핑계에 대답하셨다. "그러나 내가 이스라엘 가운데에 칠천 명을 남기리니 다 바알에게 무릎을 꿇지 아니하고 다 바알에게 입 맞추지 아니한 자니라." 왕상 19:18

이쯤에서 한번 생각해보자. 그리고 스스로에게 물어보자.

"나는 정말 지금 포기하기 원하는가? 이제까지 해왔던 수많은 일들, 어려운 시간들, 이기고 승리했던 숱한 믿음의 시험들을 다 버리고, 나는 정말 여기서 그만두기를 바라는가? 나는 정말 내 것이 되었을 수도 있는 하나님의 복과 언약을 받는 이 경주에서 빠져나와, 내 자리를 대신할 누군가에게 그 모든 것을 넘겨주고 싶은 것인가?"

여기서 모든 것을 그만두고, 다른 누군가를 그 자리에 앉혀 대신 상을 받게 하는 것이 결코 하나님의 최선은 아닐 것이다. 적어도 당신의 인생을 놓고 보자면 말이다.

환경과 상황을 바라보는 시선은, 결국 당신 스스로 결정하는 것이다. 그렇게 바라보기로 작정하지 않는 한 완전히 절망적인 상황이란 없다. 당신이 하나님의 시간을 기다릴 수만 있다면 약속의 시간은 곧 다가올 것이다.

기억하라. 이것은 당신의 계획이 아니라 하나님의 계획이다. 그렇다면 이루어지는 것 역시 당신의 생각하는 시간이 아니라 하나님이 생각하는 시간에 이루진다는 말이다.

우리가 알거니와 하나님을 사랑하는 자 곧 그의 뜻대로 부르심을 입은 자들에게는 모든 것이 합력하여 선을 이루느니라 _로마서 8:28

하나님은 당신을 사랑하신다. 그리고 당신에게 복주기를 원하신다. 하나님은 당신이 건강하고, 행복하고, 잘되기를 바라신다.

사랑하는 자여 네 영혼이 잘됨같이 네가 범사에 잘되고 강건하기를 내가 간구하노라 _요한 3서 1:2

하나님께서는 우리가 모든 공격과 시험에 맞서 싸우기를 바라신다. 그럼으로써 우리가 눈앞의 상황보다 하나님을 더 깊이 믿고 신뢰한다는 것을 보여주기 원하신다. 하나님은 엘리야를 아주 사랑하셨기 때문에, 그가 자신이 두려워했던 것들로부터 도망침으로 해서 실패하거나 넘어지게 내버려두지 않으셨다.

그동안 수많은 책들이 이세벨 여왕과 같은 영을 설명하려고 노력해

왔다. 이 영의 정체는 아마도 그것이 실제로 어떤 것인지를 생각해본다면 좀더 이해하기 쉬울 것이다. 이것은 바로 적그리스도의 영 antichrist spirit이다. 이 영은 에덴동산에서부터 있었다. 그때 하와와 함께 있었다. 가인이 아우 아벨을 죽일 때도 함께했고, 모세를 없애기 위해 이스라엘 자손의 모든 아기를 죽이라는 명령을 내렸던 애굽 왕 바로와도 같이 있었다. 이 영은 이세벨 여왕에게도 같은 식으로 작용했는데, 하나님의 말씀을 전하는 선지자 이사야를 죽이려는 시도를 하게 한 것이다. 아기 예수를 죽이기 위해 두 살이 안된 모든 아기의 살해명령을 내렸던 헤롯왕 역시 이 영에 사로잡혀 있었다. 심지어 이 영은 때때로 교회 다니는 사람들에게도 들어와 하나님께 순종하는 교회의 리더와 맞서 싸우게 만든다. 그리고 궁극적으로는 정치 지도자들에게 들어가서 예수 그리스도가 돌아와 다시 이 땅을 다스리지 못하도록 가로막는 역할을 하게 한다.

 이세벨의 영, 다시 말해 적그리스도의 영은 사람들 속으로 들어와 그들을 통해 낙태나 살인을 저지르게 하고 무엇보다 예수 그리스도의 대속 사역을 방해한다.

하나님께서는 엘리야를 사랑하셨기 때문에, 그가 이세벨뿐 아니라 그녀 속에 있던 적그리스도의 영까지 물리치기를 바라셨다. 그러나 결국 이세벨을 물리친 것은 엘리야가 아니라 그의 자리를 대신한 엘리사였다. 하지만 이세벨을 조종했던 이 영의 최종 목표는 예수님의 재림을 막는 것이기 때문에, 그 영은 오늘날에도 하나님의 사역을 하는 사람들과 정치 지도자들을 통해 역사하려고 한다.

엘리야가 스스로를 포기했을 때, 하나님께서는 그가 원했던 대로 죽거나 패배를 맞도록 허락하지 않으셨다. 대신 회오리바람으로 그를 들어 올려 하나님의 임재 안에서 죽음을 경험하지 않게 하셨다. 그리고 그는 요한계시록 11장에 기록된 대로, 예정된 마지막 날에 돌아와서 최후의 적그리스도와 싸워 이기는 것을 도울 두 증인 중 하나가 되었다.

돌아온 엘리야가 맞닥뜨려야 하는 상대는 아마도 이세벨과는 다른 모습일 것이다. 그러나 육신이 다를 뿐, 근본적으로는 동일한 영이다. 그리스도를 미워하는, 이세벨을 조종했던 바로 그 악한 영 말이다.

우리가 섬기는 하나님은 참으로 멋진 분이다. 우리로 하여금 두려움 속에서 도망치지도, 절망 속에서 포기하지도 않게 하시기 때문이다. 엘리야에게 그랬던 것처럼, 그분은 당신에게도 또 다른 기회를 주실 것이다. 그리고 당신의 믿음을 확장시켜주실 것이다. 다시 한 번 일어서서 마지막에 주어지는 하늘의 상을 받을 수 있도록!

자, 이제 **승리**를 시작해보자.

환경과 상황을 바라보는 시선은
결국 당신 스스로 결정하는 것이다.
그렇게 바라보기로 작정하지 않는 한 완전히 절망적인 상황이란 없다.
당신이 하나님의 시간을 기다릴 수만 있다면
약속의 시간은 곧 다가올 것이다.

내게 주신 은혜로 말미암아 너희 각 사람에게 말하노니 마땅히 생각[할]

03

데라
믿음

제목으로 정했다. 이 제목은
것이 불안정한 그 시절을 지나는 동안 하나님께서 나에게
을 하고 있었다. 큰마음을 먹고 예물을 드리기 시작한 시 몇
때문이다. 단지 변화가 일어나지 않는 정도가 아니라, 도리어 조
고 있던 몇 가지 어려움 중 하나를 소개하는 것으로 이야기를 시
신하게 되었다. 문제는 몸이 좋지 않아 너무 많은 고통을 견디내이
병원에서 보내야 했다. 의사들은 통상적으로 임신부에게 잘 쓰지 않
다. 우리는 그 치료법이 새로 태어날 아이에 대해 여런 부작용을 가져
도 동시에 유산만 막을 수 있다면 무엇이든 해주기를 바라고 있었다.
음 안에 안을 수 있는 날이 오게 해달라고 간절히 기도하며 기다렸다.
감격한 우리는 그 건강하고 아름다운 여자아이에게 믿음Faith이
하나님께서는 내 마음속에 이렇게 말씀하셨다. "보았니? 이렇게 네
아홉 달이라는 시간이 펴요하다. 하지만 네가 만약 장말로 더 키다
의 크기 날아다 ─ 그 기다림의 시간은 2년을 넘겨야 할 거야." 그 일
시 생각해보면 나   이 책을 쓰게 된 계기가 되었다. 왜냐하면 나
estation이라는   작했기 때문이다. 백과사전의 도표를 자세
지 다양한   지만 평균 임신기간은 267일 정도였다.
류는 단 세 종류뿐이었   일에서 440일 가량의 낙타, 395일에서
30일 가량의 코끼리, 먼   에 관한 정보를 찾기 시작했다. 그런데 조
귀하고 유용   다체다능   몰입자에 대해 알게   면서 감탄하게 되
는 부드럼   재 퍼지   을 지니고 있으며,   이 매우 어
접 다기도 하며, 낙   털과 가족 그리고 젖
는 한 자리에서   (약 95리터)이나 되는
의 '기린 가족', Giraffe Fa   것은 기린이었다. 기린은
태어난 지 30분   달릴 수
감으로 전략하는   와 속도를 지
지 않도록 기린   방지해준다.
심의 여지없이   는 지상에 거주
했다. 코끼리는   똑똑하며 모성애

이는 그가 하나님이 계획하시고
지으실 터가 있는 성을 바랐음이라
_히브리서 11장 10절

그들이 이같이 말하는 것은
자기들이 본향 찾는 자임을 나타냄이라
_히브리서 11장 14절

하나님께서는 비전을 주신다. 또한 소명도 주신다. 예를 들어 보겠다. 개인적으로 나는 절대로 일부러 산을 오르거나 바다에 나가지 않는다. 크루즈(유람선 여행) 같은 것을 즐기는 사람들을 보면 신기하기까지 하다. 굶주린 상어들이 돌아다니고 집채만한 파도가 몰아치는 곳에 가는 것은 내가 생각하는 휴가와는 거리가 멀기 때문이다. 그런 곳에 가면 나는 쉽게 불안해진다.

하지만 어떤 사람들은 부름이라도 받은 것처럼 바다로 달려간다. 산 정상을 향해 돌진하는 사람도 있다. 우주로 부름을 받은 사람들은 또 어떠한가? 모든 사람은 저마다 각자의 운명과 목적을 지닌 채 태어난다. 살아간다는 것은 어쩌면 바로 이러한 목적을 발견하고, 그것을 좇는 일에 다름 아니다.

창세기 11장에 보면, 데라 라는 이름을 가진 사람이 등장한다. 우르 Ur라는 곳에 살고 있던 그는 어느 날 어떤 부르심을 느꼈다. 그리하여 자신의 식구들을 데리고 집을 떠나 가나안 땅으로 여행을 떠났다. 그는 자신에게 주어진 부르심을 좇고자 했지만, 비극이 그의 삶을 덮쳐 정해진 운명에서 벗어나게 만들었다. 여기서 내가 말하는 비극이란 그의 세 아들 중 하나인 하란의 죽음이다. 남은 두 아들 중 하나인 나홀의 경우, 아버지 데라와 비전을 공유하지 않았거나 가나안으로 가라는 부르심을 거부했음이 분명하다. 함께 여행을 떠나지 않았기 때문이다. 데라는 그의 삶에 남아있는 조각들, 즉 아들 아브람과 며느리 사래와 손자 롯을 데리고 여행을 시작한다. 그 여행길 가운데 그가 겪은 삶의 상실과 고통은 그에게서 가장 좋고 중요한 것들을 앗아간다. 그래서 그는 자신의 운명이 다한 어딘가에서 모든 것을 포기하고, "거기 거류한다." 데라는 그곳의 이름을 죽은 자신의 아들 이름을 따서 하란이라 짓고, 슬픔 속에서 숨을 거둘 때까지 그곳에 머문다.

요한복음 10장 10절의 말씀을 보자.

도둑이 오는 것은 도둑질하고 죽이고 멸망시키려는 것뿐이요 내(예수)가 온 것은 양으로 생명을 얻게 하고 더 풍성히 얻게 하려는 것이라

내 경험에 비추어볼 때, 소명의 가치가 분명해지는 것은 오직 사람이 자신의 소명을 발견하고 어떤 대가를 치르든 그것을 좇기로 작정했을 때에만 가능하다. 이것을 마음속에 늘 새겨두어야 한다. 만약 당신이 사탄의 계획과 목적에 어떤 식으로든 위협을 가한다면, 악한 영은 분명히 당신을 공격해올 것이다. 낙담하게 만들고, 유산시키고, 당신의 걸음을 멈추는 식으로 말이다.

이것 또한 역시 명심해야 한다. 하나님은 당신을 지으셨고, 따라서 당신이 '무엇'으로 만들어졌는지 누구보다 잘 알고 계신다는 것을. 그리고 어느 시험에서나 당신과 함께하기를 약속하셨다는 것 또한 말이다.

사람이 감당할 시험 밖에는 너희가 당한 것이 없나니 오직 하나님은 미쁘사 너희가 감당하지 못할 시험 당함을 허락하지 아니하시고 시험 당할 즈음에 또한 피할 길을 내사 너희로 능히 감당하게 하시느니라

_고린도전서 10:13

삶 속에서 상실과 슬픔을 경험하지 않고 살아간다는 것은 불가능하다. 비극은 누구에게나 찾아온다. 저마다 시기와 방식은 다를지 몰라도, 누구에게나 찾아온다는 것만은 분명하다. 예수 그리스도가 이 땅에 오셔서 우리를 위해 고통받으신 것은, 바로 이러한 우리의 상처를 치유하기 위해서였다.

이사야 61장 1절에서 3절까지의 말씀은 예수님의 목적을 이렇게 이야기한다.

주 여호와의 영이 내게 내리셨으니 이는 여호와께서 내게 기름을 부으사 가난한 자에게 아름다운 소식을 전하게 하려 하심이라 나를 보내사 마음이 상한 자를 고치며 포로된 자에게 자유를, 갇힌 자에게 놓임을 선포하

며 겸비한 자 여호와의 은혜의 해와 우리 하나님의 보복의 날을 선포하여 모든 슬픈 자를 위로하되 무릇 시온에서 슬퍼하는 자에게 화관을 주어 그 재를 대신하며 기쁨의 기름으로 그 슬픔을 대신하며 찬송의 옷으로 그 근심을 대신하시고 그들이 의의 나무 곧 여호와께서 심으신 그 영광을 나타낼 자라 일컬음을 받게 하려 하심이라 _이사야 61:1~3

적어도 데라는 시도를 했다. 목회자로서 그간 나는 하나님의 위대한 부르심을 받은 수많은 사람들을 보아왔다. 그러나 그들 중 많은 수는 하나님께 순종하기는커녕 순종하려는 시도조차 하지 않았다. 그들은 하나님의 계획을 따르는 것이 자신의 삶을 너무 어렵게 만들지 않을까 걱정했다. 그러나 하나님께서는 "사악한 자의 길은 험하다" 잠 13:15라고 말씀하셨다. 또한 만약 우리가 예수 그리스도의 뜻을 따르기로 결심한다면 그 짐은 "가벼울 것" 마 11:30이라고 하셨다. 짐이 없다고 하신 것은 아니다. 짐은 있지만, 하나님께서 그 짐을 가볍게 하는 기적을 보이신다는 것이다. 그와 비교하면 우리에게 있는 가벼운 짐조차 무겁게 만드는 사탄은 가혹하고 무정한 주인이다.

데라가 했던 믿음의 행동
즉, 하나님께서 주신 비전을 입 밖으로 내어 표현하고
우르를 떠나 여행을 시작한 것은
그 아들 아브람에게 '코끼리 믿음'을 심어주기에 충분했다.

데라는 전 인류의 영원에 걸친 역사 속에서 자신의 중요성을 조금도 알지 못했다. 그는 소명을 다하지 못하고 죽었으며, 스스로의 인생을 실패라고 생각했다. 그러나 그는 자신의 운명과 비전 그리고 부르심에 대해 순종했고, 그것을 아들 아브람에게 전해주었으며, 그로 인해 아브람은 다시 여행을 떠나 예수 그리스도께서 이 세계에 들어올 수 있는 족보의 첫 시작을 열 수 있었다.

데라는 최소한 부르심을 입 밖으로 내어 표명하고, 그것에 따라 여행을 떠났다! 우리가 저지를 수 있는 최악의 실수는 바로 사탄으로 하여금 우리의 소명을 과소평가할 수 있게 내버려두는 것이다. 우리의 비전을 절대 입 밖으로 내지 못하도록 말이다.

나는 너무 많은 사람들이 하나님과 인류에 대한 자신의 중요성을 깨닫지 못한 채 이 세상에 왔다가 사라진다고 확신한다. 당신은 당신 자신이 그리 중요하지 않다고 생각할지 모르지만, 하나님께서는 그런 당신을 통해 이루실 위대한 계획을 갖고 계신다. 어쩌면 받은 소명이 너무 하찮거나 중요하지 않다고 생각할지도 모르겠다. 그러나 나는 이것이 바로 데라를 포기하게 만든 주된 원인이라고 생각한다.

데라는 중도에 그만두었다. 포기했다. 영적인 적들은 이런 식의 생각으로 우리를 넘어지게 만든다. "우르에 살든 가나안에 살든 그런다고 해서 달라지는 게 뭐지? 생각해봐, 네 아들 하나가 죽었잖아. 다른 아들 하나는 네 비전을 듣고도 함께 떠나지 않았지. 널 따라온 아들 아브람과 며느리 사래를 생각해봐. 자식도 낳지 못하는 그들에게 대체 무슨 희망이 있지?"

이렇게 하나님께서 주신 부르심과 소명이, 최선을 다해 좇을 만큼 중요하지 않다고 속삭이는 목소리를 들어본 적이 있는가?

그렇지 않다. 당신은 중요하다. 그리고 당신의 소명과 비전 역시 중요하다.

자, 이제 **여행**을 시작해보자.

우리가 저지를 수 있는 최악의 실수는
바로 사탄으로 하여금
우리의 소명을 과소평가할 수 있게 내버려두는 것이다.
우리의 비전을 절대 입 밖으로 내지 못하도록 말이다.

내게 주신 은혜로 말미암아 너희 각 사람에게 말하노니 마땅히 생각

04
아브라함
믿음

제목으로 정했다. 이 제목은
것이 불안했던 그 시절을 지나는 동안 하나님께서 나에게
음을 하고 있었다. 큰마음을 먹고 예물을 드리기 시작한 지 몇
때문이다. 단지 변화가 일어나지 않는 정도가 아니라, 도리어 초
고 있던 몇 가지 어려움 중 하나를 소개하는 것으로 이야기를 시
신하게 되었다. 문제는 몸이 좋지 않아 너무 많은 고통을 견뎌내야
병원에서 보내야 했다. 의사들은 통상적으로 임산부에게 잘 쓰지 않
다. 우리는 그 치료법이 새로 태어날 아이에 대해 어떤 부작용을 가져
도 동시에 유산만 막을 수 있다면 무엇이든 해주기를 바라고 있었다.
통 안에 안을 수 있는 날이 오게 해달라고 간절히 기도하며 기다렸다
다. 감격한 우리는 그 건강하고 아름다운 여자아이에게 믿음Faith이라
하나님께서는 내 마음속에 이렇게 말씀하셨다. "보았니? 이렇게 네
아홉 달이라는 시간이 필요하단다. 하지만 네가 만약 정말로 더 키다란
의 크기 말이다 — 그 기다림의 시간은 2년을 넘겨야 할 거야." 그 은
지 생각해보면 그   이 책을 쓰게 된 계기가 되었다. 왜냐하면 내
estation이라는   작했기 때문이다. 백과사전의 도표를 자세히
지 다양한   지만 평균 임신기간은 267일 정도였다. 도
류는 단 세 종류뿐이었   일에서 440일 가량의 낙타, 395일에서 4
30일 가량의 코끼리, 먼   에 관한 정보를 찾기 시작했다. 그런데 조
귀하고 유용   다대다능   물인지에 대해 알게   면서 감탄하게 되었
는 부드럼   세 먼지   을 지니고 있으며,   이 매우 에
접 타기도 하며, 낙   털과 가죽 그리고 젖
는 한 자리에서   런(약 95리터)이나 되는
                                    것은 기린이었다. 기린은
                                    의 「기린 가족」Giraffe Fu
                  태어난 지 30분   달린 수
                  감으로 전하는   방지해준다.
                  지 않도록 기린   와 속도를 지
                  심의 여지없이   는 지상에 거주
                  했다. 코끼리는   독특하며 모성애

그들이 나온 바 본향을 생각하였더라면
돌아갈 기회가 있었으려니와
_히브리서 11장 15절

데라가 했던 믿음의 행동 즉, 하나님께서 주신 비전을 입 밖으로 내어 표현하고 우르를 떠나 여행을 시작한 것은 그 아들 아브람에게 **코끼리** 믿음을 심어주기에 충분했다. 아브람은 아버지의 비전을 따르는 올바른 선택을 했고, 여행을 계속하여 끝내 가나안에 이르렀다. 아버지 데라가 죽은 뒤 아브람은 곧 삶을 바꾸어 놓는 새로운 선택에 직면했다. 그는 하나님에게 순종하지 않는 쪽을 택한 다음, 자신이 살던 곳에 그대로 머물 수도 있었다. 아니면 아예 처음 떠나왔던 우르로 되돌아갈 수도 있었다. 그러나 그는 하나님께 순종하는 길을 택했고, 다시 길을 떠나 가나안으로 향했다.

인생을 살아가는 동안, 사람은 누구나 몇 번의 중대한 갈림길에 놓인다. 사소한 선택이 아닌, 삶을 송두리째 바꾸어놓을 수도 있는 중요한 선택의 순간 말이다. 모든 사람들에게 있어 그 선택의 시간과 사건과 상황은 자신의 소명과 비전 그리고 목적에 따라 다를 수밖에 없다. 각각의 경우에서 우리는 지금 있는 곳에 그대로 머물거나, 예전에 있었던 곳으로 돌아가거나, 알지 못하는 미지의 세계로 나아가는 것 중 하나를 선택해야 한다. 아브람이 그랬던 것처럼 말이다. 이때 우리가 저지를 수 있는 가장 큰 실수는 바로 이 **선택의 순간**이 나 자신에게만 영향을 미칠 것이라고 생각하는 것이다. 이것은 착각이다. 우리 모두는 마치 호수로 던져진 조약돌 같아서, 우리 한 사람이 일으키는 물결은 조약돌이 사라진 후에도 한참동안 계속된다.

『누구를 위하여 종은 울리나』의 서문에서, 어니스트 헤밍웨이는 17세기의 시인이자 목회자였던 존 던의 글을 인용했다. 현대적인 언어로 바꾸어본다면 그 글은 이렇게 시작한다.

그 누구도 섬이 될 수는 없다.

또한 스스로 온전할 수도 없다.

모든 인간은 대륙의 한 조각이며, 본토의 일부다.

만약 흙 한 덩이가 바닷물에 씻겨 내려간다면

유럽은 그만큼 작아지는 것이며

익명의 누가 사라진다 해도 마찬가지다.

당신 친구의 땅 또는 당신 자신의 땅 역시 그렇다.

타인의 죽음은 나를 작아지게 한다.

우리는 모두 인류의 일부분이기 때문이다.

그러니 묻지 말아야 한다, 누구를 위하여 종이 울리는지를.

그 종은 바로 당신을 위해 울리는 것이니.

나는 누구도 자신의 힘만으로 지옥에 가거나 또는 천국에 갈 수 없다고 확신한다. 알고 있든 그렇지 않든, 당신의 삶은 이미 누군가에게 영향을 미치고 있다. 당신의 삶에는 원인과 결과가 존재한다. 당신이 이 삶을 떠나 영원을 향해 나아갈 때, 당신은 누군가를 데리고 가는 것이다. 그것은 의도적일 수도 있고 아닐 수도 있지만, 분명한 것은 천국이든 지옥이든 혼자만의 힘으로는 갈 수 없다는 것이다. 우리는 모두 누군가에게 영향을 미치기 때문이다.

그렇다면 이제 내가 2장에서 말했던 "겉으로 아무런 열매도 생기지 않았던 특별한 씨앗" 이야기로 돌아가 보자. 우리가 씨앗으로 커다란 예물을 드린 뒤 한참동안이나 눈에 보이는 아무런 결과도 일어나지 않아 낙심한 채 기도하던 어느 날, 하나님께서는 남편에게 계시를 주셨다. 남편은 창세기 15장을 읽고 있었다. 그 장은 하나님께서 아브람에게 환상 중에 나타나셔서 아들을 줄 것과 가나안 땅을 유업으로 줄 것을 약속하시는 부분이었다. 6절을 보면 "아브람이 여호와를 믿으니 여호와께서 이를 그의 의로 여기시고", 그 언약을 확증하시기 위해 암소와 암염소, 숫양, 산비둘기와 집비둘기를 희생제물로 바치게 하셨다. 이것은 오늘날 우리가 많은 양의 물질적인 헌금을 드리는 것과 같은 행위였다. 그런데 남편의 눈길을 사로잡은 구절은 그중 10절에 있었다. "아브람이 그 모든 것을 가져다가 그 중간을 쪼개고 그 쪼갠 것을 마주 대하여 놓고……."

이 말씀을 통해, 우리는 하나님께서 단순히 꾸준히 십일조를 드리는 것 이상의 코끼리 믿음을 시험하고 계시다는 것을 깨달았다. 만약 우리가 드린 예물에 대해 끊임없는 '코끼리만큼의' 응답을 원한다면, 우리의 예물은 서로 긴밀하게 영향을 주고받는 것이어야 한다는 것이다. 다시 말해 한번에 커다란 액수의 헌금을 드리는 것도 좋지만, 그 커다란 액수의 헌금조차도 마치 십일조를 드리듯 꾸준하고 신실해야 한다는 것이다.

특별한 씨앗을 심기로 결심한 이후, 우리는 어느 텔레비전 사역에 큰 액수의 헌금을 해왔다. 그러나 십일조의 경우 매달 한번도 빠지거나 늦지 않고 드렸던 반면에, 이 사역에 바치기로 결심한 헌금의 경우 그렇지 못했다. 몇 달은 내기로 약속한 날짜에 맞추어 헌금을 드렸지만 일이 많아지고 분주해지면 두세 달씩 밀렸다가 한꺼번에 내기 일쑤였다. 하나님께서는 이런 나의 모습을 나무라고 계시는 것 같았다. 사역을 하는 분들은 매달 자신들에게 들어오는 헌금과 기부금에 의지하여 사역을 펼치는데, 내가 바치기로 한 헌금은 정기적이지 못했던

것이다. 십일조는 규칙적으로 드리면서, 다른 예물을 대하는 마음은 동일하지 못했음을 회개했다. 그리고 그 후로 나는 매달 정해진 날짜에 약속한 헌금을 보내기 시작했다.

신기한 것은 그 다음부터였다. 내가 십일조를 드리는 것과 동일하게 그 사역에 규칙적으로 꾸준히 헌금을 보내야겠다고 결심하자마자, 하나님께서는 재정의 복을 내려주시기 시작했다. 상황들은 차츰 나아졌고, 회복이 일어났으며, 내 삶에서 아주 오랫동안 지속되어 왔던 스트레스들이 점차 그 끝을 보이기 시작했다. 놀라운 일이었다.

하나님께서 당신에게 '코끼리만큼의' 엄청난 축복을 주기 원하실 때는, 당연히 더 오랜 임신기간을 필요로 한다. 이것은 분명하다. 작고, 빠르고, 금방 죽어버리는 쥐 같은 응답을 받는 것보다는, 비록 시간은 오래 걸릴지언정 무겁고, 오래 가고, 코끼리만큼 커다란 응답을 받는 편이 훨씬 낫지 않은가? 그러니 포기하지 마라. 굴복하지도 마라. 무엇보다, 하나님의 말씀을 전하는 사람들에게 그 불평과 불만을 돌리지 말아라.

대부분의 경우, 잘못은 목회자나 사역 자체에 있지 않다. 잘못은 바로 꾸준함이 결여된 헌금을 하는 바로 그 사람에게 있다.

하나님께서 하신 말씀을 다시 한 번 살펴보자.

사람아 어찌 하나님의 것을 도둑질하겠느냐 그러나 너희는 나의 것을 도둑질하고도 말하기를 우리가 어떻게 주의 것을 도둑질하였나이까 하는도다 이는 곧 십일조와 봉헌물이라 너희 곧 온 나라가 나의 것을 도둑질하였으므로 너희가 저주를 받았느니라 만군의 여호와가 이르노라 너희의 온전한 십일조를 창고에 들여 나의 집에 양식이 있게 하고 그것으로 나를 시험하여 내가 하늘 문을 열고 너희에게 복을 쌓을 곳이 없도록 붓지 아니하나 보라 만군의 여호와가 이르노라 내가 너희를 위하여 메뚜기를 금하여 너희 토지 소산을 먹어 없애지 못하게 하며 너희 밭의 포도나무 열매가 기한 전에 떨어지지 않게 하리니 너희 땅이 아름다워지므로 모든 이방인들이 너희를 복되다 하리라 만군의 여호와의 말이니라 _말라기 3:8~12

하나님께서는 10절 말씀에서 만약 우리가 십일조를 드리면, 당신은 하늘 문을 열어 복을 부어주겠다고 선언하셨다. 꾸준한 십일조를 드리지도 않으면서 한두 번 거액의 헌금을 하고 축복을 기다리는 것은 말하자면 닫힌 문으로 하나님의 복이 들어오기를 바라는 것과 같다. 닫힌 문을 향해 아무리 다른 종류의 헌금을 쌓아올려도 문은 열리지 않는다. 하늘의 문은 먼저 온전한 십일조를 꾸준히 드리는 사람에게 열리는 것이기 때문이다. 또한 그 헌금과 예물은 꾸준히 규칙적으로 드려지는 것이어야 한다.

하나님께 순종하기로 결심한 아브람의 선택은, 결국 하나님으로 하여금 그에게 복주시고 그 이름을 아브람에서 아브라함으로 바꾸시게 했다. 자식 하나 없는 99세의 노인을, 열국의 아비이자 하나님의 친구로 삼으신 것이다.

> 이에 성경에 이른 바 아브라함이 하나님을 믿으니 이것을 의로 여기셨다는 말씀이 이루어졌고 그는 하나님의 벗이라 칭함을 받았나니
> _야고보서 2:23

아브라함이 했던 수많은 선택 중 최고의 선택은 무엇보다 그가 세

상에서 누구보다도 더 사랑하던 아들을 포기했던 순간이다. 어느 날 갑자기 하나님께서는 아브라함에게 이삭을 포기할 것을 요구하신다. 사실 하나님께서는 수풀 속의 수양을 이미 준비하고 계셨지만, 아브라함은 이것을 알지 못했다. 창 22:13 그는 다만 **코끼리 믿음으로** 하나님을 끝까지 믿었을 뿐이다.

이것은 오늘날의 우리와 동떨어진 이야기가 아니다. 삶 속에서 우리 모두는 자신의 죄 때문에 죽음을 맞이하기 위해 모리아 산 같은 언덕을 올라간다. 그러나 하나님께서는 늘 **수풀 속의 수양을** 준비하고 계신다. 바로 창세 전부터 기다리고 계셨던 예수 그리스도가 우리의 자리를 대신하셨던 것처럼. 계 5:6

누구든, 무엇이든, 당신이 하나님보다 앞서 믿고 따르는 무엇이 있다면 결국 그것은 당신을 넘어뜨릴 것이다. 무엇이든 붙잡는 것은 당신의 자유지만, 곧 얼마 지나지 않아 그것은 입안의 가시가 되어 하나님께 제발 없애달라고 사정하기 전까지는 사라지지 않을 것이다.

남편과 결혼했을 때, 우리가 받은 가장 큰 선물은 딸아이의 출생이었다. 그리고 두 번째로 큰 선물은 바로 처음 갖게 된 **우리집**이었다.

어느 날 갑자기 하나님께서는 아브라함에게 이삭을 포기할 것을 요구하신다.
사실 하나님께서는 '수풀 속의 수양'을 이미 준비하고 계셨지만
아브라함은 이것을 알지 못했다.
그는 다만 '코끼리 믿음'으로 하나님을 끝까지 믿었을 뿐이다.

나는 그 집을 사랑했고, 거의 숭배했으며, 결코 떠나고 싶지 않았다. 어느 날 집을 주신 것에 대한 감사기도를 드리고 있는 중에, 나는 하나님의 음성을 듣게 되었다. 그 집을 팔고 올랜도Orlando로 이사를 가라는 목소리였다. 당시 우리집은 레이크 카운티에 있었고, 남편은 오렌지 카운티에 있는 올랜도에 더 보수가 좋은 직장을 구한 상태였다. 내가 얼마나 집을 사랑하는지 알고 있었기에, 남편은 이사를 가자고 하는 대신 자신이 먼 거리를 매일 출퇴근하는 길을 택했던 것이다. 하나님의 음성을 들었지만 나는 머뭇거렸다. 그 음성을 그대로 따르기에는 집이 무척이나 소중했다.

  이 일이 있은 지 얼마 지나지 않아, 여동생이 결혼을 하게 되었다. 결혼상대자는 백인이 아니었다. 말하자면 인종간 결혼이었다. 그러자 우리가 다니는 교회 목사님에게 협박전화가 걸려오기 시작했고, 교회 창문이 총에 맞아 깨지는 일들이 생겼다. 우리는 교회와 교인들을 사랑했지만 우리 때문에 교회가 피해를 보거나 상처입는 것을 보고 싶지 않았다. 그래서 결국 그곳을 떠났고, 올랜도로 가서 어느 인종이든 함께 다니는 교회를 세웠다.

우리를 대하는 마을 사람들의 태도가 달라진 것은 동생과 제부가 우리집을 방문한 다음부터였다. 말하자면 우리는 추방당한 것이었다. 한때 친근했던 이웃들이 갑작스레 싸늘해졌고, 남편과 나는 왕따가 되고 말았다. 그중 최악이었던 것은 어느 주일 현관문을 나섰을 때였다 ― 거리에서 누군가 내게 총을 겨누고 있었던 것이다! 그때 나는 아홉 달된 딸아이를 안고 있었는데, 그는 욕설을 퍼부으며 다시 또 그런 사람(그가 사용한 단어는 쓰지 않겠다)을 우리 마을에 불러들이면 나를 죽이겠다고 했다. ― 물론 이것은 1970년대 중반에 일어난 일이다. 최근 그곳을 방문했을 때 모든 것은 달라져 있었다.

일이 이렇게까지 진전되자 나는 아이들의 안전을 걱정할 지경에 이르렀다. 그래서 마침내 하나님께 순종하여 집을 팔기 위해 내놓았다. 더 이상 내 집이나 이웃을 하나님보다 더 원하지 않게 되었다. 우리는 첫번째로 집을 사겠다고 나선 이에게 서둘러 집을 팔고 올랜도로 이사를 갔다. 불과 반년 전에 나는 앞으로 일어날 일들에 대해 전혀 알지 못했지만, 하나님께서는 알고 계셨던 것이다. 만약 내가 처음 하나님의 음성을 들었을 때 순종했더라면, 그래서 그때 집을 팔고 이사를 갔더라면, 아마도 내가 겪어야 했던 개인적인 슬픔과 고통은 훨씬 줄어들었을 것이다. 더 좋은 가격에, 편안한 마음으로 집을 팔 수 있었음은 물론이고 말이다.

너무나 자주, 하나님께서는 엘리야에게 그러셨던 것처럼 **바람과 지진과 불**을 사용하실 수밖에 없다. 우리의 이목을 집중하여 올바른 방향을 일러주시기 위해서 말이다(왕상 19장 11절을 보라). 다시 말해, 하나님께서 이사를 가라고 하실 때는 그 말씀대로 이사를 가는 아브라함 같은 믿음이 훨씬 낫다는 말이다.

올랜도로 이사를 간 후에, 하나님께서는 우리 부부를 어느 세미나로 인도하셨다. 그 세미나에서 우리는 훈련을 받기 시작했다. 또한 그 다음에는 우리 부부가 목사 안수를 받을 수 있도록 도와주신 목사님을 만나게 하셨으며, 최종적으로는 지금 우리가 목회를 하고 있는 게인즈빌의 한 교회로 이끌어주셨다.

하나님은 그런 분이다. 우리가 구하고 꿈꾸었던 것보다 훨씬 더 크고 멋진 것으로 우리를 회복시키시고 채워주시는 분.

베드로가 여짜와 이르되 보소서 우리가 모든 것을 버리고 주를 따랐나이다 예수께서 이르시되 내가 진실로 너희에게 이르노니 나와 복음을 위하여 집이나 형제나 자매나 어머니나 아버지나 자식이나 전토를 버린 자는 현세에 있어 집과 형제와 자매와 어머니와 자식과 전토를 백 배나 받되 박해를 겸하여 받고 내세에 영생을 받지 못할 자가 없느니라

_마가복음 10:28~30

   우리 식대로, 우리 생각대로 일을 해나간 뒤 마침내 우리에게 돌아온 것은 엄청난 슬픔과 재정적인 손실뿐이었다. 결국 우리는 마지막에 가서야 하나님께 순종하고 말았다. 왜 우리는 늘 하나님께서 우리에게 가장 좋은 것을 주시는 분이라는 것을 나중에서야 깨닫게 되는 것일까? 우리는 먼저 하나님을 신뢰하는 법을 배워야 한다. 하나님께서 무언가 우리에게 요구하실 때는, 아브라함처럼 그대로 믿고 따라야 한다. 하나님은 우리의 미래를 알고 계시는 분이시기 때문이다.

   하나님을 믿는다는 것은 멋진 일이다. 생각해보면 우리는 평생의 대부분을 우리를 행복하게 해줄 것 같은 사람과 물건을 얻기 위해 힘

쓰는 데 사용한다. 그러나 대개 그런 사람이나 물건은 영원하지 않아서, 언젠가는 이별의 순간이 오고 만다. 그 상실과 슬픔의 시간에 우리가 어떻게 행동하는지를 살펴보면 우리가 어떤 사람인지 알 수 있다. 무엇인가를 얻을 때의 우리만큼이나, 무엇인가를 잃을 때의 우리는 우리 자신에 대해 많은 것을 설명해주기 때문이다. 얻을 때든 잃을 때든, 우리 자신이 충분히 세워지고 굳건해지지 못한 상태라면 그 획득과 상실은 결코 득이 될 수 없다.

하나님께서는 우리에게 선물을 주신다.

그러므로 이르기를 그가 위로 올라가실 때에 사로잡혔던 자들을 사로잡으시고 사람들에게 선물을 주셨다 하였도다 _에베소서 4:8

마태복음 25장에서 예수님은 달란트의 비유를 말씀하신다. 타국으로 떠나기 전에 종들을 불러 재능에 따라 각각 한 사람에게는 금 다섯 달란트를, 한 사람에게는 두 달란트를 그리고 남은 한 사람에게는 한 달란트를 맡기는 주인에 관한 이야기다. 이 비유에서처럼, 하나님은 우리의 능력을 아신다. 그리고 각 사람마다 그 재능과 능력에 맞는 소명과 선물을 주신다. 종종 어떤 사람들은 타고난 재능으로 우쭐대거나 자만하기도 한다. 그러나 선물을 받았다고 해서 당신이 특별해지는 것은 아니다. 종들에게 주어진 금이 처음부터 주인의 것이었던 것처럼, 특별한 쪽은 당신이 아니라 선물을 주신 분이다. 우리는 다만 주인이 맡기고 간 달란트를 인류와 하늘나라를 위해 사용할 수 있는 권한을 잠시 받았을 뿐이다. 선물은 선물이다. 꼭 받을 자격이 있어야 할 필요는 없다. 선물이란 본래 무조건적으로 주어지는 것이기 때문이다. 더구나 주시는 분은 하나님이다.

당신이 받은 재능이나 능력으로 무엇을 할지는 전적으로 당신에게 달려있다. 그 부분은 선물이 아니다. 선택이다. 평생을 통해 받은 선물로 무엇을 할 수 있을지는, 말하자면 이제부터 매일매일 당신이 내려야 하는 선택들에 달려있다.

자, 이제 **지혜로운 선택**을 시작해보자.

왜 우리는 늘 하나님께서
우리에게 가장 좋은 것을 주시는 분이라는 것을
나중에서야 깨닫게 되는 것일까?
우리는 먼저 하나님을 신뢰하는 법을 배워야 한다.
하나님께서 무언가 우리에게 요구하실 때는
아브라함처럼 그대로 믿고 따라야 한다.

내게 주신 은혜로 말미암아 너희 각 사람에게 말하노니 마땅히 생각

05

다윗 믿음

제목으로 정했다. 이 제목은 것이 불안정한 그 시점을 지나는 동안 하나님께서 나에게 을 하고 있었다. 큰마음을 먹고 예물을 드리기 시작한 지 및 때문이다. 단지 변화가 일어나지 않는 정도가 아니라, 도리어 그 고 있던 몇 가지 어려운 중 하나를 소개하는 것으로 이야기를 시 신하게 되었다. 문제는 몸이 좋지 않아 너무 많은 고통을 견디내야 병원에서 보내야 했다. 의사들은 통상적으로 임산부에게 잘 쓰지 않 다. 우리는 그 치료법이 새로 태어날 아이에게 어떤 부작용을 가져 도 동시에 유산만 믿을 수 있다면 무엇이든 해주기를 바라고 있었다. 음 안에 안을 수 있는 날이 오게 해달라고 간절히 기도하며 기다렸다. 감격한 우리는 그 건강하고 아름다운 여자아이에게 믿음faith이 하나님께서는 내 마음속에 이렇게 말씀하셨다. "보았니? 이렇게 네 아홉 달이라는 시간이 필요하단다. 하지만 네가 만약 징말로 더 커다 의 크기 말이나 — 그 기다림의 시간은 2년을 넘어야 할 거야." 그 시 생각해보면 그 이 책을 쓰게 된 계기가 되었다. 왜냐하면 나 estation이라는 작했기 때문이다. 백과사전의 도표를 자세 지 다양한 지만 평균 임신기간은 267일 정도였다. 류는 단 세 종류뿐이었 일에서 440일 가량의 나다, 395일에서, 30일 가량의 코끼리, 먼 에 관한 정보를 찾기 시작했다. 그런데 이 귀하고 유용 다다능 본인지에 대해 알게 면서 감탄하게 되 는 부드럽 재 펴지 을 지니고 있으며, 이 매우 이 접 닿기도 하며, 나 털과 가족 그리고 첫 는 한 자리에서 런(약 95리터)이나 되는 것은 기린이었다. 기린은 의 「기린 가족」 Giraffe Fa 태어난 지 30분 달릴 수 같으로 전락하는 와 속도를 지 지 않도록 기린 방지해준다. 심의 여지없이 는 지상에 거주 했다. 코끼리는 똑똑하며 모성에

생각을 품지 말고
님께서 각 사람에게 나눠 주신 믿음의 분량대로 지혜롭게 생각하라

그들이 쫓겨난 자라 하매
시온을 찾는 자가 없은즉 내가 너의 상처로부터
새 살이 돋아나게 하여 너를 고쳐 주리라
_예레미야 30장 17절

이번 장에서는 십일조와 헌금 생활을 열심히 하는 데도 여전히 삶에서 힘들고 고통스러운 상황을 맞닥뜨리는 사람들을 위한 이야기를 할까 한다. 앞서 이미 요한복음 10장 10절 말씀을 인용했지만, 이것을 끊임없이 기억하고 되새기는 일은 무척이나 중요하다 — 예수님께서 오셔서 하신 모든 일은 **살리는** 일이라는 것, 그리고 사탄이 하는 모든 일은 **빼앗고 죽이고 없애는** 일이라는 것 말이다. 이 살림은 단순한 사역 이상의 것이다. 바로 예수님이 어떤 분인지를 알려주기 때문이다. 사탄은 우리가 구원받았다고 해서 포기하지 않는다. 우리가 하나님 안에서 성장하여 더 높은 영적

수준에 도달했다 할지라도 마찬가지다. 악한 영은 끊임없이 우리에게서 무언가를 빼앗고, 꿈을 포기하게 조장하며, 우리 삶에서의 목적을 사라지게 만든다.

그렇다면 우리가 사탄에게 무언가를 빼앗겼을 때, 어떻게 하면 그것을 되찾아올 수 있을까? 많은 사람들은 아래 두 가지의 이유 때문에 자신들이 빼앗긴 것을 찾아오지 못한다.

첫째, 방법을 모르기 때문에.

둘째, 자신들에게 되찾아올 자격이 없다고 생각하기 때문에.

먼저 두 번째 이유부터 살펴보자. 어떤 이들은 자신들이 빼앗긴 것들이, 결국은 자신 스스로의 죄와 잘못 때문에 비롯된 것이므로 되찾아올 자격이 없다고 생각한다. 자신의 잘못된 판단과 선택 때문에 빼앗긴 것을, 찾아오기로 결심하기란 쉽지 않기 때문이다. 더군다나 그것이 자신의 불순종과 죄 때문일 때는 더욱 힘들다.

그러나 이것을 기억해야 한다. 우리가 받은 구원이란, 간단하게 말하자면 하나님께서 사탄에게 빼앗긴 우리를 되찾아오시는 과정이라는 것을. 구원이란 창조주 하나님과 우리 피조물 사이의 본래적 관계를 회복하는 것이다.

만약 그렇다면 우리는 왜 하나님께서 몸소 보여주신 예증을 따르지 않는가? 왜 사탄에게 빼앗긴 우리의 것들을 찾아올 수 없다고 생각하느냐는 말이다.

왜 사탄으로 하여금 본래 당신에게 속한 것을 가지고 있게 놔두는가? 당신이 구원받은 후로, 당신은 죄를 지었을지언정 죄인은 아니다. **죄인**이란 매일매일을 의도적으로 꾸준히 죄를 범하며 살다가 가끔씩 삐끗할 때 올바른 일을 하는 사람을 뜻한다. 과거에 우리는 죄인이었는지 모르지만, 이제 우리는 **성도**^{saints}다. 이제 우리는 매일매일을 의도적으로 꾸준히 옳은 일을 하며 살다가, 가끔씩 삐끗할 때 죄를 짓는다. 그런다고 해서 우리가 다시 죄인이 되지는 않는다. 적어도 우리 스스로 자신을 포기하고 다시 매일매일 죄를 범하는 삶으로 돌아가지만 않는다면! 대신 우리는 예수 그리스도의 이름으로 하나님 앞에 나아와 성령의 힘으로 새 힘을 얻는다. 우리의 죄를 아뢰어 정결함을 받고, 담대히 나가 사탄이 우리에게서 빼앗아간 것들을 되찾아올 수 있는 것이다.

> ……만일 누가 죄를 범하여도 아버지 앞에서 우리에게 대언자가 있으니 곧 의로우신 예수 그리스도시라 _요한1서 2:1

우리가 섬기는 하나님은 잃은 양을 되찾으시는 하나님이다. 대부분의 그리스도인들은 누가복음 15장에 등장하는 잃어버림에 관한 비유들을 잘 알고 있을 것이다. 이 장에서 예수님은 잃어버린 양을 찾은 목자, 잃은 드라크마를 찾은 여인, 그리고 잃은 아들을 되찾은 아버지에 대한 비유를 말씀하신다.

또한 교회를 다니는 사람이라면, 사무엘상 30장에서 다윗이 적들에게 빼앗긴 모든 것을 다시 찾는 이야기에 대해서도 어떤 식으로든 듣거나 읽어보았을 것이다. 하지만 이 이야기가 여전히 낯설거나 처음인 사람들을 위해 이제부터 이스라엘 역사에 관해 조금 이야기하도록 하겠다. 이 내용을 잘 알고 있는 사람이라 할지라도 나는 내 방식대로 이야기를 풀어나갈 것이다. 아래 인용한 누가복음의 서문대로 말이다.

> 우리 중에 이루어진 사실에 대하여 처음부터 목격자와 말씀의 일꾼된 자들이 전하여 준 그대로 내력을 저술하려고 붓을 든 사람이 많은지라 그 모든 일을 근원부터 자세히 미루어 살핀 나도…… 차례대로 써 보내는 것이 좋은 줄 알았노니 _누가복음 1:1~3

다윗의 어려움은 사무엘상 18장에서 시작된다. 다윗을 질투한 사울이 그에게 창을 던지는 장면이 바로 그것이다. 사울 왕의 질투와 분노는 점점 커져서, 결국 다윗은 목숨을 유지하기 위해 멀리 도망쳐 여기저기 숨어 다니는 신세가 되고 만다.

그러자 문제가 있던 사람들 — 말하자면 법과 세금을 피해 도망치는 신세이거나, 사회에서 쫓겨난 사람들 — 이 다윗을 중심으로 모이

우리가 절망과 자기 연민의 늪에 빠져
겨우 며칠 후면 이루었을 완전한 승리를 스스로 걷어차 버린 적이 얼마나 많았던가?
우리가 우리의 믿음을, 신앙을, 신뢰와 용기를, 선한 싸움을 그만두어버리는 순간
우리는 조만간 우리에게 "어떤 일이 일어날 뻔 했는지"
끝내 알지 못하게 되고 마는 것이다.

게 되고, 다윗은 그들의 리더가 된다. 마침내 사울이 다윗을 이스라엘 끝까지 추적해오자, 다윗은 블레셋(지금의 팔레스타인)으로 도망쳐 그곳에서 지낸다. 다윗과 그를 따르던 사람들은 자신들의 가족을 모두 시글락에 남겨둔 채 블레셋을 도와 이스라엘을 치러 나가지만, 블레셋 사람들은 다윗이 히브리 사람이라는 이유로 믿으려 하지 않는다. 그리하여 결국 다윗과 일행은 싸워보지도 못한 채 시글락으로 돌아오고 만다.

이처럼 사울 왕에게 거부당하고 자신의 조국 이스라엘에서 쫓겨난 다윗은, 이후 도망쳐 들어간 블레셋 사람들에게도 거부당한다. 다윗은 그야말로 나라 없는 사람이었다. 그에게는 그를 따르던 600여명의 사람들만이 유일한 희망이요, 안식이었다. 그러나 상황은 좋아지기는커녕 점점 나빠져만 갔다.

다윗이 일행을 데리고 시글락으로 돌아왔을 때, 마을은 아말렉 사람들에 의해 불태워져 있었다. 재산은 약탈당했으며, 아이들과 여인들은 사로잡혀갔다. 그러자 방금 전까지 같은 편이었던 사람들이 등을 돌려 그를 위협하고 죽이려 했다. 다윗은 진정 외톨이었다. 삼상 30:1~6

대부분의 사람들이라면 아마 이쯤에서 포기할 것이다. 다윗은 충분히 그럴 수 있는 상황이었다. 절망하고 낙담할 수 있었다. 그만두거나, 부정적인 생각을 할 수도 있었다. 만약 사람이 자기 자신에 대해 의심하거나, 살아가는 이유에 대해 회의를 품거나, 또 하나님이 과연 계시기는 한 걸까 하는 생각을 할 만한 이유가 있다면, 다윗의 경우는 정당한 이유가 있었던 셈이다. 그것도 여러 가지 말이다.

이 시점에서 다윗은 불과 며칠 뒤 자신이 유다의 왕이 될 것이라는 사실을 까맣게 모르고 있었다. 만약 거기서 포기했더라면, 다윗은 왕이 될 수 없었을 것이다. 한번 생각해보자. 우리가 절망과 자기 연민의 늪에 빠져, 겨우 며칠 후면 이루었을 완전한 승리를 스스로 걷어차 버린 적이 얼마나 많았던가? 우리가 우리의 믿음을, 신앙을, 신뢰와 용기를, 선한 싸움을 그만두어버리는 순간, 우리는 조만간 우리에게 "어떤 일이 일어날 뻔 했는지" 끝내 알지 못하게 되고 마는 것이다.

끝까지 하나님을 신뢰했던 다윗의 선택은, 역사 속에서 그를 **회복이란 무엇인가**를 놀랍게 보여주는 예시로 만들어주었다. 6절 후반

부를 보자. "······다윗이 크게 다급하였으나 그의 하나님 여호와를 힘입고 용기를 얻었더라." 가끔씩 친구들이 모두 내게 등을 돌린 것만 같고, 세상에 내 편이라고는 하나도 없는 것처럼 느껴질 때가 있다. 그러나 예수님께서는 우리를 떠나지도 버리지도 않겠다고 약속하셨다.

······그가 친히 말씀하시기를 내가 결코 너희를 버리지 아니하고 너희를 떠나지 아니하리라 하셨느니라 _히브리서 13:5

다윗이 했던 두 번째 일은 바로 제사장 아비아달을 찾은 것이었다. 합심기도 prayer of agreement 보다 더 강력한 것은 없다. 주위가 아무리 황량하다 할지라도, 당신은 반드시 어딘가에서 함께 기도해줄 수 있는 믿음의 사람을 찾을 수 있다. 삼상 30:7~8

예수님께서는 이렇게 말씀하셨다.

진실로 다시 너희에게 이르노니 너희 중의 두 사람이 땅에서 합심하여 무

엇이든지 구하면 하늘에 계신 내 아버지께서 그들을 위하여 이루게 하시리라 _마태복음 18:19

다윗은 기도하며 하나님의 뜻을 물었다. 그가 데리고 있던 사람들은 이미 다윗에게 격노한 상태였으므로, 다윗은 이길 수 없는 전쟁에 그들을 데려가고 싶지 않았다. 수많은 그리스도인들이 저지르는 오류는 바로 이것이다. 그들은 늘 전쟁에 나가 열심히 싸우고는 있지만 하나님께 묻지 않는다. 하나님이 나가기를 명하신 전쟁이 아닌 것이다. 우리는 전쟁에 나가 우리의 모든 에너지를 쏟기 전에 먼저 기도해야 한다. 이 일이 정말 하나님께서 내게 하기를 원하시는 일인지를 말이다.

다윗이 한 세 번째 일은, 그가 처한 상황에 압도되지 않고 하나님께서 말씀하신 것을 그대로 믿고 실천하는 코끼리 믿음을 가진 것이다. 만약 당신이 하나님께 응답을 받았다면 그대로 믿어라! 아마도 당신이 처한 상황은 하나님의 약속이 구체적으로 실현되기 전까지는 언제나 더 악화되는 것처럼 보일 것이다. 다윗은 어떻게 하나님의 말씀에 대한 자신의 믿음을 증명했는가? 그는 자신이 들은 하나님의 음성에 순종했다. 믿고 가만히 있는 것이 아니라 믿고 "좇았다".

> 영혼 없는 몸이 죽은 것같이 행함이 없는 믿음은 죽은 것이니라
> _야고보서 2:26

지금까지의 삶을 통해 내가 배운 것이 있다면, 진리를 발견하는 과정은 굉장한 시간과 노력을 필요로 한다는 사실이다. 진리를 좇기 위해서는 먼 길을 떠나야 한다. 나는 가끔씩 남편에 대해 화가 날 때가 있는데, 그럴 때면 대개 남편이 잘못한 모든 일들에 대해 하루종일 투덜대곤 한다. 남편은 내가 하는 말을 잠자코 듣고 있다가, 끝날 때쯤 이렇게 말한다. "그래, 이제 답답한 건 좀 풀렸을 테니 뭐가 진짜 불만인지 얘기해 주겠소?" 무엇이 정말 나를 화나게 했는지 깨닫기 위해, 나는 작고 소소한 일들에 대해 늘어놓는 길고 지루한 과정을 거쳐야만 하는 것이다.

다윗이 했던 네 번째 행동은, 실제적으로 적을 물리치고 빼앗겼던 모든 소유물과 가족들을 되찾아온 것이었다. 적을 물리친다는 것은 삶에서 우리에게 주어진 소명과 목적대로 살지 못하게 하는 문제들로부터 해방되는 것을 의미한다. 이를 위해 코끼리 같은 믿음의 연단이 필요함은 물론이다.

이러한 승리의 순간을 경험한 후에, 하나님께서는 우리가 교회로 돌아가기를 원하신다. 그리고 예수 그리스도 안에서 우리가 여전히 지니고 있던 타인에 대한 원망과 미움을 버리고 그들을 용서하기를 원하신다.

> 모이기를 폐하는 어떤 사람들의 습관과 같이 하지 말고 오직 권하여 그 날이 가까움을 볼수록 더욱 그리하자 _히브리서 10:25

하나님의 말씀은 분명하다. 예수님께서도 말씀하신다.

> 너희가 사람의 잘못을 용서하지 아니하면 너희 아버지께서도 너희 잘못

을 용서하지 아니하시리라 _마태복음 6:15

어쩌면 당신은 받은 상처가 있다고 말할지도 모른다. 물론 그렇다. 모든 사람은 상처를 받는다. 하지만 이것을 기억하라. 사람들은 당신에게 상처를 주지만, 당신 역시 사람들에게 — 아마도 당신이 짐작도 하지 못할 정도로 더 심하게 — 상처를 주고 있다는 것을. 모든 상황에는 세 가지 입장이 있다. 상대방의 입장, 당신의 입장 그리고 그 사이 어디쯤에 있을 진실의 입장. 만약 두 사람 사이에 서서 내가 동전 하나를 들고 무엇이 보이느냐고 말하면, 한 사람은 앞면이 보이기 때문에 앞면이라 할 것이고 다른 사람은 뒷면이 보이기에 뒷면이라고 할 것이다. 두 사람은 다른 답을 말했지만 둘 다 진실을 말하고 있다. 사람은 자신이 서 있는 입장에서 보기 때문이다.

온전한 십일조를 드리면 하늘의 문이 열리는 축복을 받을 것이라는 말씀을 들었다면, 그렇게 하라. 또 하나님께 가족을 잘 돌보라는 말씀을 들었다면, 그렇게 하라.

누구든지 자기 친족 특히 자기 가족을 돌보지 아니하면 믿음을 배반한 자요 불신자보다 더 악한 자니라 _디모데전서 5:8

이런 식의 예는 수도 없이 많다. 우리가 해야 할 일은 먼저 믿음을 연단하고, 그런 다음 하나님의 말씀에 순종하여 우리 삶 속에 가득한 적을 물리치는 것이다.

다윗이 적을 물리치고 모든 가족과 소유물을 되찾아왔지만, 이야기는 거기서 끝이 아니다. 다윗의 일행 중 1/3, 즉 이백 명은 너무나 피곤하여 전쟁에 나간 나머지 사백 명을 돕지 못했다. 다윗은 관대하고 공정했으며, 이해심 또한 있었다. 그는 전쟁에 나가지 못한 이백 명에게 그들의 소유를 돌려주고, 새롭게 얻은 전리품 중 일부도 나누어주고자 했다. 삼상 30:9~22 그러나 나머지 사백 명 중 일부가 이에 반발했다. 피곤하고 약해서 싸우지 못한 자들이니, 아무것도 주어서는 안 된다는 것이었다. 이 탐욕스런 자들에게 다윗은 동의하지 않았다.

다윗이 이르되 나의 형제들아 여호와께서 우리를 보호하시고 우리를 치러 온 그 군대를 우리 손에 넘기셨은즉 그가 우리에게 주신 것을 너희가 이같이 못하리라 _사무엘상 30:23

다윗은 이 전쟁을 승리로 이끄신 분이 하나님이라는 사실을 잘 알고 있었다. 적을 물리치고 승리한 후에 우리는 하나님의 존재를 망각하기 쉽다. 다윗 곁의 탐욕스런 사람들처럼, 우리가 얻어낸 승리가 우리 힘으로 이루어낸 것인 양 착각하기 쉽다. 십일조는커녕 헌금하는 것조차 아까워하고, 좀 더 갖지 못해 안달한다. 일단 적을 물리치고 회복과 보상을 얻게 되면, 그때부터 우리는 주위에 있는 탐욕스럽고 이기적인 사람들을 조심해야 한다. 무엇이 옳은 것인지 잘 판단해서 중심을 잡아야 한다. 관대한 마음을 가져야 한다. 미래를 위한 씨앗을 심어야 하고, 나눠주고 베풂으로써 진정한 회복과 축복을 준비해야 하는 것이다.

다윗의 모든 결정은 상황이 아닌 하나님을 신뢰하는 데서 비롯되었다. 그는 기도했고, 믿음으로 순종했으며, 옳은 일에 중심을 잡았고,

하나님을 기억했고, 마지막으로 나누어주었다 — 유다의 왕이 되고 곧이어 이스라엘의 왕이 된 다윗의 인생역정에는 바로 이러한 올바른 선택들이 징검다리가 되었던 것이다. 기억하라. 다윗의 가장 절망적이었던 순간들은 그가 모든 것을 극복하고 왕이 되기 불과 며칠 전이었다는 것을.

생각해보면 예수님의 상황 역시 다르지 않았다.

목요일 — 상황이 나빠졌다. 제자들은 너무 피곤하여 기도할 수 없었다. 예수님은 배신당하기까지 했다. 마 26:36~46

금요일 — 상황은 최악으로 치달았다. 모욕적인 재판이 열렸고, 채찍에 맞았으며, 버림받고, 끝내 십자가에 못 박혔다. 그리고는 제대로 된 장례식조차 없이 남의 것을 빌린 무덤에 장사되었다.

토요일 — 아무런 희망도 없었다.

주일 — 부활하셨다!

자, 이제 용기 있는 삶을 시작해보자.

가끔씩 친구들이 모두 내게 등을 돌린 것만 같고
세상에 내 편이라고는 하나도 없는 것처럼 느껴질 때가 있다.
그러나 예수님께서는
우리를 떠나지도 버리지도 않겠다고 약속하셨다.

내게 주신 은혜로 말미암아 너희 각 사람에게 말하노니 마땅히 생각

06
요셉
믿음

제목으로 정했다. 이 제목은
것이 불안정한 그 시절을 지나는 동안 하나님께서 나에게
을 하고 있었다. 큰마음을 먹고 예물을 드리기 시작한 지 몇
때문이다. 단지 변화가 일어나지 않는 정도가 아니라, 도리어 훼
고 있던 몇 가지 어려움 중 하나를 소개하는 것으로 이야기를 시
산하게 되었다. 분제는 몬이 훔지 않아 너무 많은 고통을 견디어내
병원에서 보내야 했다. 의사들은 통상적으로 입산부에게 잘 쓰지 않
나. 우리는 그 치료법이 새로 태어날 아이에 대해 어떤 부작을 가져
도 동시에 유산받 맞을 수 있다면 무엇이든 해주기를 바라고 있었다.
품 안에 안을 수 있는 날이 오게 해달라고 간절히 기도하며 기다렸다.
다. 갑곁인 우리는 그 건강하고 아름다운 여자아이에게 믿음Faith이라
하나님께서는 내 마음속에 이렇게 말씀하셨다. "보았니? 이렇게 네
아홉 달이라는 시간이 필요하단다. 하지만 네가 만약 정말로 더 키다
의 크기 말이다 — 그 기다림의 시간은 2년을 넘겨야 할 셔야." 그 은
시 생각해보면 그   이 책을 쓰게 된 계기가 되었다. 왜냐하면 나
estation라는   작했기 때문이다. 백과사전의 도표를 자세하
지 다양한   지반 평균 입신기간은 267일 정도였다. 도
루는 단 세 종류뿐이었   일에서 440일 가량의 나. 395일에서 4
30일 가량의 코끼리, 먼   에 관한 정보를 찾기 시작했다. 그런데 조
귀하고 유용   다채다능   물인지에 대해 알게   면서 감탄하게 되었
는 부드럽   게 머지   을 지니고 있으며,   이 대우 에
점 타기도 하며, 나   털과 가족 그리고 젓
는 한 자리에서   럼(약 95리터)이나 되는
                                것은 기린이었다. 기린은
                                의 『기린 가족, Giraffe Fa
                      태어난 지 30분   달릴 수
                      감으로 천막하는   방지해준다.
                      지 않도록 기린   와 속도를 지
                      심의 여지없이   는 지상에 거주
                      했다. 코끼리는   특똑하며 모성에

생각을 품지 말고
깨서 각 사람에게 나눠어 주신 믿음의 분량대로 지혜롭게 생각하라

내 입은 지혜를 말하겠고
내 마음은 명철을 작은 소리로 읊조리리로다
_시편 49편 3절

구약에서 오랫동안 고통받는 믿음을 말할 때, 결코 빼놓을 수 없는 사람은 바로 요셉이다. 요셉이 겪었던 어려움은 우리에게 지혜와 겸손을 사용하는 것이 얼마나 이로운 일인지를 가르쳐준다. 어린 시절, 요셉은 말하자면 **말 안 듣고 버릇없는 아이**spoiled child였다. 아버지 야곱은 다른 모든 형제들 앞에서 요셉을 편애함으로써 오히려 요셉에게 피해를 주었다. 어느 부모든 특정한 자녀를 드러내놓고 편애하는 것은, 다른 자녀뿐 아니라 편애를 받는 당사자에게도 똑같은 피해를 입히기 때문이다.

이런 식의 편애는 흔히 불안과 고통, 때론 증오마저 키우기 마련이

어렸을 때 요셉은 불평등의 한쪽 면만을 경험하며 자라났다.
사랑받는 쪽. 그는 불평등의 반대쪽
즉 사랑받지 못하는 자의 입장에서 보지 못했기 때문에
자신의 형제들뿐 아니라 어느 누구도 다스릴 준비가 되어 있지 않았던 것이다.

다. 요셉 집안의 경우 사랑받지 못하는 나머지 형제들이 그랬다. 편애의 대상이 아닌 아이들, 다시 말해 사랑받지 못하는 자녀들은 하나님과의 관계에 있어서도 올바른 상像을 갖기 힘들다. 그들은 자신들이 현실의 아버지에게 사랑받을 자격이 없다고 느낌과 동시에, 하늘에 계신 아버지에게도 그럴 것이라고 생각하기 쉽기 때문이다. 사랑받지 못하는 아이들은 하나님의 사랑을 끊임없이 구하면서도 동시에 자신들이 그 사랑을 받을 수 있으리라고는 믿지 않게 된다. 이들은 믿음만으로 구원받는다는 개념 역시 받아들이기 어렵게 되며, 하나님의 은혜를 이해하기보다는 무언가를 해야만 한다는 강박관념에 사로잡히기 쉽다.

> 너희는 그 은혜에 의하여 믿음으로 말미암아 구원을 받았으니 이것은 너희에게서 난 것이 아니요 하나님의 선물이라 행위에서 난 것이 아니니 이는 누구든지 자랑하지 못하게 함이라 _에베소서 2:8~9

편애의 당사자를 보면, 그런 아이는 대개 오만하고, 교만하며, 이기적인 아이로 자라나 도리어 현실 세계에 적응하는 데 어려움을 겪는다. 편애를 받고 자란 아이들 역시 하나님과의 정상적인 관계 맺기에 어려움을 겪는다. 그들이 어른이 되어 하나님과의 개인적인 관계를 시작해야 할 때, 그제야 하나님께서 자신들에게도 성숙과 책임과 평등을 요구하신다는 것을 알게 된다. 그러나 이 아이들은 무엇이든 힘들여 노력할 필요가 없다고 생각하며 자라났기 때문에, 무엇이든 은쟁반에 준비된 음식처럼 자신들을 위해 차려져 있기만을 기대한다.

어떤 이들은 복음의 핵심을 잘 이해하지 못한다. 우리는 행위가 아니라 은혜로 인해 구원받았으며, 하나님의 목적에 따라 살기 위해 지음받았다는 것 말이다.

> 이와 같이 행함이 없는 믿음은 그 자체가 죽은 것이라 어떤 사람은 말하기를 너는 믿음이 있고 나는 행함이 있으니 행함이 없는 네 믿음을 내게 보이라 나는 행함으로 내 믿음을 네게 보이리라 하리라 ……아아 허탄한 사람아 행함이 없는 믿음이 헛것인 줄을 알고자 하느냐
>
> _야고보서 2:17~18, 20

하나님께서는 요셉을 향한 커다란 계획을 품고 계셨다. 그리고 종종 그러하시듯이, 그 계획을 꿈과 환상을 통해 요셉에게 드러내셨다. 그러나 그를 하나님이 계획하신 중요하고 위대한 사람으로 만들기 위해서는 먼저 해야 하는 일들이 있었다. 정의, 평등, 자비 그리고 겸손 같은 가치들을 그에게 가르치셔야 했던 것이다.

하나님이 주신 소명과 목적이 크면 클수록, 그것을 감당하기 위해서는 더 위대한 인격이 필요하다. 가족 모두가 자기에게 절하는 꿈과 환상에 대해 말하고 다녔을 때, 요셉은 겨우 열일곱 살의 철부지 망나니였다. 그리고 그 후 13년이라는 세월 동안 요셉이 겪은 것은 배신과 노예 생활과 거짓과 누명과 투옥이 전부였다. 그 과정을 통해 그는 비로소 가족과 민족 모두를 빈곤과 기아에서 구원하고 온 애굽을 다스리는 통치자의 자질을 갖추게 된 것이다.

> 그가 한 사람을 앞서 보내셨음이여 요셉이 종으로 팔렸도다 그의 발은 차꼬를 차고 그의 몸은 쇠사슬에 매였으니 곧 여호와의 말씀이 응할 때까지라 그의 말씀이 그를 단련하였도다 _시편 105:17~19

시편에도 나와 있듯이, 그를 단련한 것은 하나님의 말씀이었다. 하나님의 시험과 연단은 말하자면 13년 동안의 노예와 죄수생활 속에서도 통치자가 되어 절을 받는 꿈과 환상을 잊지 않게 하시는 것이었다. 어쩌면 요셉은 자신이 가족에게 떠들고 다녔던 그 꿈과 환상을 기억하는 일이 끔찍했을지도 모른다. 통치자가 되는 꿈을 실컷 말하고 다녔는데, 정작 지금 자신은 죄수의 신세로, 부모에게는 죽은 아들이 되어 버렸으니 말이다. 형들은 그를 꿈꾸는 자라고 조롱하며 놀리기까지 하지 않았는가?

당신이 비전에 대해 이야기할 때, 모든 사람이 거기에 대해 호의적이지는 않을지 모른다. 그렇지만 멈추지 말고 비전을 말하라! 그리고 앞으로 나타날 하나님의 때를 기다리며 준비하라. 하나님께서 당신에게 주신 비전을 온전히 이루실 때까지 당신에게 필요한 것은 바로 코끼리 믿음이다. 그 말씀과 비전을 붙들고 그것이 실현될 때까지 기다리는 일은 아마도 요셉처럼 아주 어렵고 고된 과정일 것이다. 하지만 비전을 현실로 만들기 위해서는 얼마나 오랜 시간이 걸리든지 참고 견디는 담대한 믿음이 필요하다.

어렸을 때 요셉은 불평등의 한쪽 면만을 경험하며 자라났다 — 사랑받는 쪽. 그는 불평등의 반대쪽, 즉 사랑받지 못하는 자의 입장에서 보지 못했기 때문에, 자신의 형제들뿐 아니라 어느 누구도 다스릴 준비가 되어 있지 않았던 것이다.

세상에 사랑받는 것을 싫어하는 사람은 없다. 그러나 그 사랑이 다른 이의 피해를 전제로 하거나, 다른 사람이 받는 상처를 포함하는 것이라면, 이 상황에서 당신은 어떻게 할 것인가?

하나님께서는 당신을 사랑하고 섬기는 모든 자녀들을 동일하게 사랑하겠다고 약속하셨다. 그러나 하나님은 당신의 자녀들이 받은 축복으로 교만하고 오만하게 남을 지배하는 것이 아니라, 오히려 넉넉한 승리자가 되어 믿지 않는 이들에게 예수 그리스도의 사랑을 나타내기를 기대하고 계신다.

요셉의 삶에서 하나님의 비전이 실현되기까지 걸린 시간은 13년이었다. 하나님은 요셉의 마음에서 선한 것을 보셨다. 비록 그의 형제들은 보지 못했지만, 하나님은 요셉 속에서 위대하고 자비로운 통치자가 될 수 있는 가능성을 발견하셨다. 창 37:8-11 오늘날 당신 주위의 사람들은 당신이 하나님께 받은 꿈과 비전을 비웃을 수도 있다. 당신 안에서 하나님이 발견하신 것을 그들은 보지 못할 수도 있다. 그러나 하나님께서는 당신에게서 당신 이상의 것을 보신다. 현재에 머무르지 않는 미래의 모습을 보신다. 당신이 그 비전을 이루기 위해 필요한 시험과 연단을 견뎌낼 수만 있다면, 하나님께서는 당신 안에 계획하신 선한 일을 반드시 이루실 것이다.

하나님에게 있어 우리는 실망의 대상도, 놀라움의 대상도 아니다. 하나님은 결코 깜짝 놀라며 "네가 이럴 줄은 정말 몰랐어!" 하고 소리치시는 분이 아니다. 그분은 우리를 부르실 때 이미 우리가 어떤 사람인지를 알고 계신다. 그 분은 우리가 저지를 실수도 알고 계시고, 앞으로 짓게 될 죄조차도 알고 계신다. 다 알고 계심에도 불구하고 부르신 것이다. 그럼에도 불구하고 선택하신 것이다. 우리의 한계와 상관없이, 소명을 주시고 목적을 주신 것이다. 그리고 그 모습 그대로 사랑하시는 것이다. 당신의 독생자 예수 그리스도를 우리를 위해 보내신 것처럼.

우리가 할 일은 다만 **준비되어** 가기를 멈추지 않는 것이다!

요셉처럼, 받은 꿈과 비전이 크면 클수록 그 목적에 맞게 우리 자신이 준비되기까지는 오랜 시간이 걸린다. 하나님은 우리가 실패하고 넘어지는 것을 결코 원치 않으신다. 그 분은 얼마나 오랜 시간이 걸리든 우리 자신이 주어진 소명에 맞게 성숙하기를 원하시는 분이다.

인내를 온전히 이루라 이는 너희로 온전하고 구비하여 조금도 부족함이 없게 하려 함이라 _야고보서 1:4

자, 이제 성숙해지는 삶을 시작해보자.

내게 주신 은혜로 말미암아 너희 각 사람에게 말하노니 마땅히 생각

07

열매맺는 믿음

제목으로 정했다. 이 제목은 것이 분인정한 그 시점을 지나는 동안 하나님께서 나에게 을 하고 있었다. 큰마음을 먹고 예물을 드리기 시작한 지 때문이다. 단지 병화가 일어나지 않는 정도가 아니라, 도리어 고 있던 몇 가지 어려움 중 하나를 소개하는 것으로 이야기를 시 신하게 되었다. 문제는 돈이 좋지 않아 너무 많은 고통을 견디어 병원에서 보내야 했다. 의사들은 통상적으로 임산부에게 잘 쓰지 않 다. 우리는 그 치료법이 새로 태어날 아이에 대해 어떤 부작용을 가지 도 동시에 유산반 막을 수 있다면 무엇이든 해주기를 바라고 있었다. 좀 안에 안을 수 있는 날이 오게 해달라고 간절히 기도하며 기다렸니 다. 간곡한 우리는 그 건강하고 아름다운 여자아이에게 믿음Faith이 하나님께서는 내 마음속에 이렇게 달을하셨다. "보았니? 이렇게 데 아픔 달이라는 시간이 필요하단다. 하지만 데가 만약 종말로, 더 커다 의 크기 달이다.—그 기다림의 시간은 2년을 넘겨야 할 거야." 그

시 생각해보면 그 이 책을 쓰게 된 계기가 되었다. 의사하면 estation이라는 작했기 때문이다. 백과사전의 도표를 사세 지 다양한 지만 평균 임신기간은 267일 정도였다.
류는 단 세 종류뿐이었 일에서 440일 가량의 낙타, 395일에서 30일 가량의 코끼리, 먼 에 관한 정보를 찾기 시작했다. 그런데 귀하고 유용 다태다능 몰인지에 대해 알게 는 부드럽 게 퍼지 을 지니고 있으며, 면서 감단하는 데 접 타기도 하며, 나 틸과 가죽 그리고 것 이 매우 는 한 자리에서 린(약 95리터)이나 되는 것은 기린이었다. 기린은 의 「기린 가족」Giraffe Fa 태어난 지 30분 달릴 수 감으로 진란하는 방지해준다, 지 않도록 기린 와 속도를 지 심의 여지없이 는 지상에서 거주 했다. 코끼리는 똑똑하며 모성에

나무는 각각 그 열매로 아나니
_누가복음 6장 44절

나는 참포도나무요 내 아버지는 농부라 무릇 내게 붙어 있어 열매를 맺지 아니하는 가지는 아버지께서 그것을 제거해 버리시고 무릇 열매를 맺는 가지는 더 열매를 맺게 하려 하여 그것을 깨끗하게 하시느니라 너희는 내가 일러준 말로 이미 깨끗하여졌으니 내 안에 거하라 나도 너희 안에 거하리라 가지가 포도나무에 붙어 있지 아니하면 스스로 열매를 맺을 수 없음같이 너희도 내 안에 있지 아니하면 그러하리라 나는 포도나무요 너희는 가지라 그가 내 안에, 내가 그 안에 거하면 사람이 열매를 많이 맺나니 나를 떠나서는 너희가 아무것도 할 수 없음이라 사람이 내 안에 거하지 아니하면 가지처럼 밖에 버려져 마르나니 사람들이 그것을 모아다가 불에 던져 사르느니라 너희가 내 안에 거하고 내 말이 너희 안에 거하면 무엇이든지 원하는 대로 구하라 그리하면 이루리라 너희가 열매를 많이 맺으면 내 아버지께서 영광을 받으실 것이요 너희는 내 제자가 되리라

_요한복음 15:1~8

너희가 나를 택한 것이 아니요 내가 너희를 택하여 세웠나니 이는 너희로 가서 열매를 맺게 하고 또 너희 열매가 항상 있게 하여 내 이름으로 아버지께 무엇을 구하든지 다 받게 하려 함이라 _요한복음 15:16

예수님께서는 우리가 이 세상을 살아가는 데 중요한 이유 중 하나가 바로 **열매를 맺는 것**이라고 말씀하셨다. 예수님께서 말씀하신 이 열매에 대해 사도 바울은 갈라디아 교회에 보낸 편지에서 다음과 같이 요약하여 정의하고 있다.

오직 성령의 열매는 사랑과 희락과 화평과 오래 참음과 자비와 양선과 충성과 온유와 절제니 이같은 것을 금지할 법이 없느니라

_갈라디아서 5:22~23

또한 사도 바울은 우리가 어떻게 해야 이 열매들을 맺을 수 있는지에 대해서도 아주 명확하게 밝히고 있다.

그리스도 예수의 사람들은 육체와 함께 그 정욕과 탐심을 십자가에 못 박았느니라 만일 우리가 성령으로 살면 또한 성령으로 행할지니 헛된 영광을 구하여 서로 노엽게 하거나 서로 투기하지 말지니라
_갈라디아서 5:22~23

육체와 정욕, 탐심에 대한 이러한 못 박음은 삶 속에서 매일매일 이루어져야 한다. 이것은 어쩌다 한번 하는 것이거나, 단 한차례로 끝나버리는 것이 아니다.

또 무리에게 이르시되 아무든지 나를 따라오려거든 자기를 부인하고 날마다 제 십자가를 지고 나를 따를 것이니라 _누가복음 9:23

많은 선의의 그리스도인들이 어느 순간 교회 다니는 것을 그만두고 자신이 구원받았다는 사실마저 부인하려 드는 것은, 바로 그들 안에 이러한 열매들이 사라졌기 때문이다. 그들은 모두 최선을 다해 하나님을 섬기려 했지만, 그 과정에서 기쁨이나 화평, 자비와 오래 참음과 같은 열매를 서서히 잃어갔던 것이다.

내가 이 책을 쓰는 목적은 바로 그러한 사람들에게 용기를 주고 계속해서 도전할 수 있도록 하기 위해서다. "안 되면 될 때까지!"와 같은 상투적인 구호라도 좋다. 중요한 것은 포기하지 않고 계속해서 노력하는 것이다.

코끼리 믿음을 갖기 위해서는 많은 시간이 필요하다. 그러나 좋은 열매를 맺기 위해서는 그보다 더 긴 시간이 필요하다.

비슷한 예를 들어보자. 하나님께서는 내게 식물을 기르는 달란트를 주지 않으셨다. 그래서 여태껏 난 주로 플라스틱이나 천으로 만들어진 조화造花 장식만을 꾸미곤 했다. 스스로 식물이나 나무, 과일 같은 것들을 너무 모른다고 생각한 탓에, 어느 날 나는 식물에 관한 책을 한 권 샀다.

  책은 정말 환상적이었다. 그 책을 읽고 나는 열매를 맺는 나무들은 대개 다 자랄 때까지 최소한 8년에서 12년 정도의 시간이 걸린다는 사실을 발견했다. 이 성장과정 가운데 나무가 좋은 열매를 맺기 위해서는 참으로 다양한 조건이 필요하다는 사실도 알게 되었다.

  먼저, 나무는 적당한 기후를 가진 곳에 심겨져야 한다. 영적으로 보자면 이것은 알맞은 교회를 의미할 것이다. 하나님께서는 자신의 자녀들로 하여금 좋은 열매를 맺도록 하기 위해 그들이 자라기에 알맞은 기후를 가진 곳으로 인도하신다. 이것은 꼭 그 교회나 특정 목회자 또는 성도들이 완벽하다는 의미는 아니다. 만약 그렇게 모든 것이 완벽하다면 굳이 열매를 맺을 필요도 없을 것이다. 중요한 것은 하나님이 당신을 심으신 그곳에서 당신이 자라나 꽃을 피우고 열매 맺는 법을 배울 수 있느냐는 것이다. 만약 그럴 수만 있다면, 하나님께서는 당신에게 풍성한 열매와 수확의 기쁨을 누리게 하실 것이다.

  일단 적당한 기후를 가진 곳에 나무가 심겨지고 나면, 그 다음으로 중요한 것은 적절한 관리를 받는 일이다. 적당한 양의 햇빛과 비, 거름, 잡초제거, 가지치기 같은 것들 말이다. 나는 영적으로 이것을 일정한 시간을 정해 성경을 읽고 기도하는 것에 비유하고 싶다. 또한 적절한 관리란 일이 잘 풀리지 않을 때도 포기하지 않는 것을 포함한다. 다른 사람이 당신에게 대해 좋지 않게 말하거나, 목회자 또는 하나님께 지적당하고 혼날 때도 마찬가지다. 이 관리의 시간에 우리는 우리의 삶이 열매를 맺을 수 있는 단계에 이르기까지 성숙하기를 기다리는 코끼리 믿음을 연습해야 한다.

> 그러므로 형제들아 주께서 강림하시기까지 길이 참으라 보라 농부가 땅에서 나는 귀한 열매를 바라고 길이 참아 이른 비와 늦은 비를 기다리나니 _야고보서 5:7

8년에서 12년이라는 시간을 거쳐 나무가 충분히 성장하고 나면, 나무는 비로소 단단해진다. 이처럼 단단해진 나무는 어린 나무에 비해 온도변화나 가뭄, 병충해에 훨씬 더 잘 견딜 수 있다.

또 하나 중요한 사실은 바로 나무들이 그 종에 따라 저마다 다른 높이와 너비로 자라난다는 것이다. 나무들은 모두 자신만의 줄기를 지니고 있고, 서로 다른 잎 구조를 보이며, 크기와 맛이 제각기 다른 열매를 맺는다. 수확의 시기 역시 어떤 종류의 열매를 따기 원하느냐에 따라 달라질 수 있다. 하나님께서 사랑하시는 것은 바로 이 다양성이다. 우리는 세상에 하나밖에 없는 존재다. 따라서 우리 자신이나, 성장의 속도나, 수확의 때를 다른 사람의 것과 비교하는 것은 옳지 않다.

> 우리는 자기를 칭찬하는 어떤 자와 더불어 감히 짝하며 비교할 수 없노라 그러나 그들이 자기로써 자기를 헤아리고 자기로써 자기를 비교하니 지혜가 없도다 _고린도후서 10:12

예수님께서 열매 맺는 사람에 관한 비유로 말씀하셨던 나무는 무화과나무였다. 책 속에서 내가 발견한 무화과나무는 심은 지 1년만 지나면 금세 열매를 맺을 수 있는, 아주 단단한 나무였다. 책에 나온 설명을 보면 이렇다. "눈에 보이는 아름다움 외에도, 무화과나무는 상대적

요셉은 13년이라는 시간이 걸렸다는 것을 기억하라.
다윗은 15년이 걸렸고, 모세는 40년이었다.
하나님께서 우리 각자에게 주신 열매를 맺을 수 있을 만큼
영적으로 성숙해지기까지 말이다.

으로 쉽게 자라는 데다 적응력도 아주 뛰어나다. 가지치기 없이도 열매를 잘 맺는다. 심지어 겨우내 땅 속에서 얼어붙어 있었다 할지라도, 봄이 되면 돌아오는 여름에 다시 열매를 맺는다."

　이것을 예수님께서 말씀하셨던 비유와 비교해보자.

　이에 비유로 말씀하시되 한 사람이 포도원에 무화과나무를 심은 것이 있더니 와서 그 열매를 구하였으나 얻지 못한지라 포도원지기에게 이르되 내가 삼 년을 와서 이 무화과나무에서 열매를 구하되 얻지 못하니 찍어버리라 어찌 땅만 버리게 하겠느냐 대답하여 이르되 주인이여 금년에도 그대로 두소서 내가 두루 파고 거름을 주리니 이 후에 만일 열매가 열면 좋거니와 그렇지 않으면 찍어버리소서 하였다 하시니라 _누가복음 13:6~9

　예수님의 이 비유는, 적어도 우리가 그리스도 안에서 신앙생활을 시작한 지 4년에서 5년 정도 지난 이후라면 어떤 식으로든 먹을 수 있는 열매를 맺을 수 있어야 함을 알려준다.

　비유를 보면 무화과나무는 자라는 데 1년이 걸리고, 주인은 그 후로

3년을 기다려왔으며, 포도원지기는 주인에게 다시 1년을 더 그대로 두어달라고 부탁하고 있다. 바로 이것이 내가 5년이라는 시간을 말하는 이유다.

성경에서 말하는 무화과나무의 비유와 나무에 관한 책을 함께 읽으며, 나는 하나님께서 우리에게 양분을 주시고, 가지를 쳐주시며, 햇빛과 비를 주시고, 좋은 열매를 맺기 위해 필요한 모든 것을 공급해주신다는 것을 다시금 깨달았다. 그러나 거기에는 우리의 역할도 분명히 존재한다. 우리는 하나님 안에서 굳건히 뿌리를 내려야 하며, 날마다 십자가를 지고 우리의 삶을 향한 하나님의 계획을 위해 수많은 욕구들을 잠재워야 한다. 좋은 열매를 많이 맺어 풍성한 추수를 할 수 있도록 말이다.

우리가 우리의 몫을 다 한다면, 분명 우리는 1년에서 5년 안에 열매를 맺을 수 있을 것이다. 하지만 그렇게 되기까지 우리가 예수 그리스도 안에서 성숙하기 위해서는 시간이 필요하다. 과실수처럼 8년에서 12년, 또는 그 이상이 걸릴지도 모른다. 요셉은 13년이라는 시간이 걸렸다는 것을 기억하라. 다윗은 15년이 걸렸고, 모세는 40년이었다. 하나님께서 우리 각자에게 주신 열매를 맺을 수 있을 만큼 영적으로 성숙해지기까지 말이다.

자, 이제 **추수하는 삶**을 시작해보자.

내게 주신 은혜로 말미암아 너희 각 사람에게 말하노니 마땅히 생각

08
실패한 믿음

너희의 하나님 여호와께서
이 땅을 너희 앞에 두셨은즉
너희 조상의 하나님 여호와께서
너희에게 이르신 대로 올라가서 차지하라
두려워하지 말라 주저하지 말라
_신명기 1장 21절

생각해보자. 얼마나 많은 꿈과 비전이 실현되지 못하고 사라졌는가? 그 꿈과 비전들은 왜 실현되지 못했는가? 또 그것들을 실현시키기 위해서는 어떻게 해야 하는가? 이 장은 바로 이러한 질문들에 대답하기 위해 쓰였다.

그리스도인들은 보통 낙태나 유산^{abortion}에 대해 섬뜩함을 느낀다. 이런 일들은 절대 일어나서는 안 되며, 생명에 대한 이런 말도 안 되는 혐오가 합법이라는 것은 무서울 정도다. 그러나 우리의 삶을 한번 들여다보자. 나는 그리스도인들이, 세상 사람들이 육체적 영역에서 저지르는 것보다 훨씬 더 많은 유산을 그들의 영적 영역에서 저지르고 있다고 확신한다.

하나님께서는 우리에게 지속적으로 말씀하신다.

여호와의 말씀이니라 이제 너희가 그 모든 일을 행하였으며 내가 너희에게 말하되 새벽부터 부지런히 말하여도 듣지 아니하였고 너희를 불러도 대답하지 아니하였느니라 _예레미야 7:13

그리고 우리에게 끊임없이 꿈과 비전을 주신다.

이르시되 내 말을 들으라 너희 중에 선지자가 있으면 나 여호와가 환상으로 나를 그에게 알리기도 하고 꿈으로 그와 말하기도 하거니와 _민수기 12:6

또한 하나님은 당신의 삶을 향한 놀라운 계획도 가지고 계신다.

여호와의 말씀이니라 너희를 향한 나의 생각을 내가 아나니 평안이요 재

앙이 아니니라 너희에게 미래와 희망을 주는 것이니라 _예레미야 29:11

늘 우리에게 가장 좋은 것을 주시려는 것은 하나님의 선택이다.

온갖 좋은 은사와 온전한 선물이 다 위로부터 빛들의 아버지께로부터 내려오나니 그는 변함도 없으시고 회전하는 그림자도 없으시니라
_야고보서 1:17

이처럼 하나님께서는 우리에게 꿈과 비전을 주시고, 우리를 향한 멋진 계획을 갖고 계시며, 그를 위한 좋은 은사와 선물들까지 주셨다. 그런데 우리는 어떤가? 늘 아프고, 항상 괴롭고, 돈은 언제나 부족하며, 하나님께서 주신 것들을 사용할 능력이 없다고 투덜거린다. 이것이 우리의 모습이다.

이 문제에 대한 해결책을 찾는 일은 결코 쉽지 않은 과정이다. 만약 쉬웠다면, 누구나 그랬을 것이다! 그럴 수만 있었다면 왜 모든 그리스도인들이 자신들 뜻대로 기쁘고, 풍성하고, 충만한 삶을 살지 않았겠

믿는 사람들이 새로운 단계의 삶에서
승리하지 못하는 데에는 크게 세 가지의 이유가 있다.
이기심, 버려짐에 대한 두려움, 부족한 인내심
놀랍게도 이것은 세상에서 사람들이
유산을 하게 되는 이유와도 일맥상통한다.

는가? 쉽지는 않지만 적어도 이러한 기도를 배우기 위해 노력해볼 만한 가치는 있다. 이것이 바로 믿음의 새로운 단계로 나아가는 기도다.

> 그러나 내 원대로 마시옵고 아버지의 원대로 되기를 원하나이다
> _누가복음 22:42

예수님께서 자신의 목숨을 희생하여 우리의 죄를 사하기 위해 죽으셨다는 것을 깨닫게 될 때, 흔히 사람들은 감정적으로 동요하게 된다. 그들은 예수님의 고귀한 피가 자신들의 속죄를 위해 쓰였다는 사실을 받아들이며 진심으로 감사할지도 모른다. 그러나 이 똑같은 사람들이 하나님께서 자신들을 끊임없이 더 새롭고 높은 단계로 부르신다는 사실에 대해서는 잘 받아들이려 하지 않는다. 스스로 이름뿐인 빈약한 그리스도인으로 살기를 선택하는 것이다.

뿌리는 자는 말씀을 뿌리는 것이라 말씀이 길가에 뿌려졌다는 것은 이들을 가리킴이니 곧 말씀을 들었을 때에 사탄이 즉시 와서 그들에게 뿌려진

말씀을 빼앗는 것이요 또 이와 같이 돌밭에 뿌려졌다는 것은 이들을 가리 킴이니 곧 말씀을 들을 때에 즉시 기쁨으로 받으나 그 속에 뿌리가 없어 잠깐 견디다가 말씀으로 인하여 환난이나 박해가 일어나는 때에는 곧 넘 어지는 자요 또 어떤 이는 가시떨기에 뿌려진 자니 이들은 말씀을 듣기는 하되 세상의 염려와 재물의 유혹과 기타 욕심이 들어와 말씀을 막아 결실 하지 못하게 되는 자요 좋은 땅에 뿌려졌다는 것은 곧 말씀을 듣고 받아 삼십 배나 육십 배나 백 배의 결실을 하는 자니라 _마가복음 4:14~20

이러한 새로운 단계는 믿는 사람들로 하여금 자신들이 **값으로 산 존재**라는 것을 인식할 것을 요구한다.

너희 몸은 너희가 하나님께로부터 받은 바 너희 가운데 계신 성령의 전인 줄을 알지 못하느냐 너희는 너희 자신의 것이 아니라 값으로 산 것이 되 었으니 그런즉 너희 몸으로 하나님께 영광을 돌리라

_고린도전서 6:19~20

또한 새로운 단계에서 믿는 이들은 자신의 것들을 부인하고 잠재워야 한다.

> 이에 예수께서 제자들에게 이르시되 누구든지 나를 따라오려거든 자기를 부인하고 자기 십자가를 지고 나를 따를 것이니라 _마태복음 16:24

깊은 기도에 들어가거나, 성경을 오래 읽다보면 아마도 이러한 단계의 그리스도인들은 하나님을 온전히 믿을 뿐 아니라, 더 이상 자신들의 오감五感을 신뢰하지 않는다는 것을 알게 될 것이다. 우리가 하나님께서 주시는 새로운 단계로 나아가기 위해서는 이제까지 우리가 인생에서 성공하기 위해 배워왔던 모든 것을 내려놓아야 할 필요가 있다. 우리의 방법을 포기하고 하나님께서 우리의 길을 더 잘 알고 계시다는 것을 인정해야 한다.

믿는 사람들이 새로운 단계의 삶에서 승리하지 못하는 데에는 크게 세 가지의 이유가 있다. 놀랍게도 이것은 세상에서 사람들이 유산을 하게 되는 이유와도 일맥상통한다.

문제 1: 이기심

사람들은 대개 다른 사람이 원하는 것을 위해 자신이 원하는 것을 포기하려 하지 않는다. 기본적으로 사람은 이기적인 존재이기 때문이다.

신약성경을 읽는다고 생각해보자. 여기에는 우리의 이기적인 욕구를 잠재울 것을 권하는 수많은 말씀들이 등장한다. 우리는 날마다 자기 십자가를 져야 하고,[마 16:24] 내 뜻이 아니라 다른 사람의 뜻을 따라야 하며,[마 26:39] 사랑 안에서 서로 복종해야 하고,[히 13:17] 내어주어야 하며,[롬 6:19] 반대쪽 뺨까지 내밀어야 하고,[마 5:39] 남에게 대접을 받고자 하는 대로 남을 대접해야 한다.[마 7:12] 더구나 원수를 사랑하고 박해하는 자를 위해 기도까지 해야 한다.[마 5:44~48]

이러한 모든 말씀들은 우리가 세상 속에서 이제껏 배워온 지식과는 사뭇 다른 것이다. 우리는 늘 최고가 되어야 하고, 남이 내게 하기 전에 내가 먼저 해야 한다고 배워왔으니 말이다. 학교에서, 운동장에서, 일터에서, 우리는 강한 사람만이 살아남는다고 배웠다. 그리고 만약 최고가 되지 못하거나 다른 사람보다 앞서지 못하면, 패배자가 된다고 배워왔다.

다른 사람이 나보다 앞서가는 것을 보면서도 하나님을 온전히 믿고 신뢰하기란 쉽지 않다. 앞서도 말했지만, 만약 쉬운 일이었다면 누구나 그렇게 했을 것이다.

문제 2: 버려짐에 대한 두려움

지금 우리가 살고 있는 시대는 우리에게 자기 자신을 빼고는 아무도 믿을 수 없다는 것을 끊임없이 가르친다. 이혼은 교회에서조차 만연해있고, 아이들은 아버지에게서, 어머니에게서, 때로는 둘 다에게서 버림받는다. 이러한 아이들은 자신들을 돌봐줄 누군가가 있음에도 불구하고 어른들에 대해 환멸을 느낀다. 그리고 이들이 정글 같은 이 세계에 발을 들여놓는 순간, 가장 먼저 배우게 되는 것은 "아무도 믿을 수 없다"는 사실이다. 사람들은 늘 이랬다저랬다 하고 필요에 따라 언제든 쉽게 등을 돌려버린다는 것을 배우는 데는 그리 오랜 시간이 걸리지 않는다.

새로운 신앙의 단계에 접어든 사람들 역시 그렇다. 이들에게는 자신의 믿음과 생활방식이 변했다는 것을 친구나 가족에게 알릴 용기가 없다. 마치 임신한 어린 여성들이 이 사실을 알렸을 때 겪게 될 창피와 거부, 버려짐에 대한 두려움 때문에 가족과 친구에게 이를 알리지 못하는 것처럼 말이다. 그리스도인들 역시 같은 종류의 두려움을 가지고 있다. 하나님의 약속과 비전이 내 안에 잉태되었고, 그분이 내게 이것을 잘 키우고 성장시켜 얼마나 오랜 시간이 걸리든지 열매 맺기를 기대하신다는 것을 남들에게 알릴 용기가 없는 것이다. 내가 이 이야기를 했을 때 내가 속한 그룹에서 배제될 것 같은 두려움, 즉 버려짐에 대한 두려움이 하나님의 씨앗을 유산시키는 두 번째 이유다.

문제 3: 부족한 인내심

게으르지 아니하고 믿음과 오래 참음으로 말미암아 약속들을 기업으로

받는 자들을 본받는 자 되게 하려는 것이니라 _히브리서 6:12

너희에게 인내가 필요함은 너희가 하나님의 뜻을 행한 후에 약속하신 것을 받기 위함이라 _히브리서 10:36

이는 너희 믿음의 시련이 인내를 만들어내는 줄 너희가 앎이라 인내를 온전히 이루라 이는 너희로 온전하고 구비하여 조금도 부족함이 없게 하려 함이라 _야고보서 1:3~4

오늘날 우리는 인스턴트 시대에 살고 있다. 패스트푸드점에서조차도 사람들은 기다리는 시간이 2, 3분을 넘어가면 화를 낸다. 전자레인지에 몇 분만 데우면 되는 음식의 종류는 너무 많아서 그것만으로 풀코스 요리를 완성할 수 있을 정도다. 과거에 몇 주씩이나 걸리던 배송 기간도 이제 하루면 충분하다. 인터넷을 할 때 지연되는 시간이 1분만 넘어가면 사람들의 짜증이 폭발한다. 우리는 모든 것을 지금 당장 원한다. 나중이 아니라, 지금 당장!

그러나 성령께서는 우리가 삶의 모든 영역에서 하나님을 전적으로 믿어야 할 뿐 아니라, 동시에 그 속에서 하나님의 완벽한 때와 시간을 기다려야 한다고 말씀하신다. 하나님은 우리가 우리 자신의 방식을 고집함으로 당신이 주신 꿈과 비전을 유산시키는 것을 원치 않으신다. 하나님께서 원하시는 것은 그 반대다.

내가 오늘 하늘과 땅을 불러 너희에게 증거를 삼노라 내가 생명과 사망과 복과 저주를 네 앞에 두었은즉 너와 네 자손이 살기 위하여 생명을 택하고 _신명기 30:19

생명을 선택하는 것. 이것은 곧 삶을 선택하는 것이다.

우리 모두는 예수 그리스도의 신부다. 성령께서는 어린 처녀였던 마리아에게 하나님의 씨앗을 심으셨고, 그녀를 통해 예수 그리스도가 태어나게 하셨다. 그리고 오늘, 성령께서는 다시 주님의 신부된 우리 안에 하나님의 씨앗을 심으셨다. 우리는 그 씨앗에게 물을 주고, 거름을 더하고, 하나님께서 주시는 햇빛과 비를 맞으며 커다란 나무가 되어 열매를 맺을 수 있을 때까지 키워야 한다. 우리 한 사람 한 사람을 통해 저마다의 예수 그리스도가 태어날 수 있도록 말이다.

   자, 이제 새로운 삶을 시작해보자.

에필로그

소개합니다

이 책을 다 읽은 당신은, 어쩌면 당신의 창조주와 개인적인 관계를 맺고 싶어졌을지도 모른다. 바로 이 첫걸음을 통해 당신은 살아가야 할 이유와 목적을 발견하는 긴 여정을 시작할 수 있다. 그러한 당신을 위해 나는 기꺼이 몇 가지를 소개하고 싶다. 평생이 걸릴 여행을 시작하기까지 이제 겨우 몇 발자국이 남았을 뿐이다.

> 모든 사람이 죄를 범하였으매 하나님의 영광에 이르지 못하더니
> _로마서 3:23

> 우리가 아직 죄인 되었을 때에 그리스도께서 우리를 위하여 죽으심으로 하나님께서 우리에 대한 자기의 사랑을 확증하셨느니라 _로마서 5:8

그러므로 한 사람으로 말미암아 죄가 세상에 들어오고 죄로 말미암아 사망이 들어왔나니 이와 같이 모든 사람이 죄를 지었으므로 사망이 모든 사람에게 이르렀느니라 _로마서 5:12

죄의 삯은 사망이요 하나님의 은사는 그리스도 예수 우리 주 안에 있는 영생이니라 _로마서 6:23

그러면 무엇을 말하느냐 말씀이 네게 가까워 네 입에 있으며 네 마음에 있다 하였으니 곧 우리가 전파하는 믿음의 말씀이라 네가 만일 네 입으로 예수를 주로 시인하며 또 하나님께서 그를 죽은 자 가운데서 살리신 것을 네 마음에 믿으면 구원을 받으리라 사람이 마음으로 믿어 의에 이르고 입으로 시인하여 구원에 이르느니라 성경에 이르되 누구든지 그를 믿는 자는 부끄러움을 당하지 아니하리라 하니 유대인이나 헬라인이나 차별이 없음이라 한 분이신 주께서 모든 사람의 주가 되사 그를 부르는 모든 사람에게 부요하시도다 누구든지 주의 이름을 부르는 자는 구원을 받으리라 _로마서 10:8~13

하나님과의 대화를 어떻게 시작해야 할지 아직 잘 모르겠다면, 이런 단순한 기도로 시작해보는 것도 괜찮다. 소리내어 읽어보자.

하늘에 계신 아버지, 여기 제가 예수 그리스도의 이름으로 나아왔습니다. 저는 예수님이 십자가에 달려 돌아가신 것과 부활하신 것을 믿으며, 내 죄를 대속하기 위해 희생하신 것을 믿습니다. 저는 이제 제 삶을 예수님께 맡기고 그 분을 구세주로 받아들였습니다. 예수 그리스도를 주라 고백하였으니, 제 모든 죄를 사하여 주시고 생명책에 제 이름을 더하여 주시옵소서. 이 구원의 고백으로 인해, 저는 이제 새로 태어나 당신 안에서 영원한 삶을 꿈꿀 수 있게 되었습니다. 예수님 이름으로 기도드립니다. 아멘.

이제 새로 태어났다면, 당신은 성경을 통해서 하나님과의 관계를 발전시켜 나가야한다. 어디서부터 읽기 시작해야 할지 모를 때는 신약성서의 「요한복음」부터 읽기 시작할 것을 권한다. 또한 당신은 매일매일 기도를 통해 하나님과의 대화를 이어가야 한다. 어떤 사람들은 어려운 일이 닥쳐와서 울고 소리 지르며 기도하기 전까지는 늘 똑같은 기도만 반복하기도 한다. 이런 부류의 사람들은 자기들이 필요할 때만 동전을 넣듯 기도하며 하나님께 필요한 것을 구한다. 그러나 하나님은 자동판매기가 아니다. 하나님께서 당신에게 원하시는 것은 진짜 **관계**다.

  이러한 하나님과의 관계 속에는 교회라는 공동체를 통한 신앙생활이 포함되어 있다. **코끼리 믿음**을 갖기 위한 첫번째 발걸음은 바로 성경 중심의, 성령의 임재가 있는 좋은 교회를 찾는 것이다. 교회 안에서 당신은 목회자의 비전을 공유하며, 공동체 내에 사랑의 분위기를 조성하는 데 기여할 수 있다. 또 공동체 안의 다른 사람들을 위해 기도하고 돕는 과정에서, 당신은 **코끼리 믿음**을 연습하며 하나님이 주신 은사와 재능을 발견할 수 있다. 이 긴 여행의 끝에서 당신은 아마도 이러한 하나님의 음성을 들을 수 있을 것이다.

잘하였도다 착하고 충성된 종아 네가 적은 일에 충성하였으매 내가 많은 것을 네게 맡기리니 네 주인의 즐거움에 참여할지어다 _마태복음 25:23

역자후기

내 안의 코끼리를 찾아서

우리는 모두 코끼리 한 마리씩을 가지고 있다.
믿기지 않겠지만 정말이다.
우리 안, 기껏해야 고양이 몇 마리밖에 들어가지 않을 것 같은 그 작은 마음속에.

하지만 저자의 말에 따르면 그런 코끼리를 제대로 키워내는 사람은 흔치 않다. 우리 모두에게는 코끼리로 자라날 수 있는 엄청난 씨앗이 숨겨져 있지만, 대개 우리는 그 씨앗을 쥐나 벌레 같은 작고 해로운 생명으로 길러내기 때문이다. 코끼리가 되어야 하지만 번번이 쥐가 되고 마는 슬픈 운명의 씨앗. 그 씨앗의 다른 이름은 바로 믿음이다.

믿음이 완성품의 형태로 덜컥 주어지는 것이라고 생각하는 많은 사람들에게, 저자의 견해는 낯설게 느껴질지도 모른다. 믿음은 주어지는 것이 아니라 만들어지는 것이며, 물건이 아니라 하나의 생명이며 열매라는 것. 동일한 씨앗에서 시작한다 해도 그 잉태기간과 방법에 따라 우리가 출산할 생명의 크기는 전혀 달라질 수 있는 것이다. 쥐와 코끼리처럼.

이 책에서 저자는 여덟 가지 믿음의 종류를 통해 각각의 믿음들이 어떤 상황에서 어떤 방식으로 익어가고 성숙해 가는지를 보여준다. 그중에는 코끼리 같은 동물도 있고, 엘리야, 아브라함, 다윗, 요셉 같은 유명한 성경 속 인물들도 있으며, 상대적으로 덜 알려진 데라 같은 사람도 있다. 저자는 열매 맺는 믿음에 대해 말하기도 하고, 심지어는 유산流産에 빗대어 실패한 믿음에 대해서까지 이야기한다. 이러한 믿음의 여러 양태에서 공통적으로 나타나는 사실은 바로 이것이다. 믿음이란, 마치 하나의 생명처럼 오랜 기다림과 인내를 거쳐 태어나는 무엇이라는 것.

이제껏 우리가 너무 바쁘다는 이유로, 어렵다는 이유로, 귀찮거나 기다리기 지쳤다는 이유로 유산시켜온 믿음의 씨앗들은 몇 개나 될까? 어쩌면 육체적 유산보다 더 나쁜 것은 이러한 영적 유산일지 모른다. 하나님께서 우리에게 주신 믿음의 작은 씨앗들은, 결코 버려지기 위해 주어진 것이 아니다. 거기에는 분명한 목적이 있다. 씨앗은 **열매 맺기 위해** 우리에게 왔다.

아직도 우리 안의 코끼리를 발견하지 못하는 이들을 위해, 이 책은 그 커다랗고 멋진 동물에게 가는 길을 알려준다. 부디 코끼리를 만나게 된다면 반갑게 손 흔들어 주시길. 삶이라는 긴 여정을 걸어가는 동안 그 코끼리는 당신에게 좋은 친구가 되어 줄 것이 분명하니까.

너희에게 인내가 필요함은
너희가 하나님의 뜻을 행한 후에
약속하신 것을 받기 위함이라
_히브리서 10장 36절

코끼리
믿음

지은이 / 신시아 보이킨
옮긴이 / 문지혁

펴낸이 / 백승선
펴낸곳 / 도서출판 가치창조
책임편집 / 유다미
출판기획 / 변혜정
디자인 / 유도연
일러스트 / 정윤현
마케팅 1 / 백승훈
마케팅 2 / 현경훈
관리 / 이지현

1판 1쇄 찍음 / 2010년 1월 20일
1판 1쇄 펴냄 / 2010년 1월 25일

등록번호 / 제10-2046호
주소 / 서울시 마포구 동교동 165-8호 LG팰리스 1428호
전화 / 02) 335-2375   팩스 / 02) 335-2376
홈페이지 / www.shwimbook.com

ⓒ 가치창조, 2010. ISBN 978-89-6301-021-2 03230
책값은 뒤표지에 있습니다.

잘못된 책은 구입한 곳에서 바꾸어 드립니다.
이 책은 저작권법에 따라 보호받는 저작물이므로 본사의 허락 없이는
어떠한 형태나 수단으로도 이 책의 내용을 이용하지 못합니다.
도서출판 가치창조는 수익의 일부를 어려운 이웃을 돕는 데 사용하고 있습니다.

Amazing Grace